Kama Sutra

© 2002 I.P. Verlagsgesellschaft, International Publishing GmbH, Germering bei München

Komposition und Layout : M. K. Ruppert-Ideefabrik
Illustrationen : I.P. Verlagsgesellschaft & Archiv Pinguruh, Verona

Printed in Belgium 2002

Kama Sutra

Das indische Lehrbuch der Liebe

Verlagsgesellschaft

Das Erotische in der indischen Kunst

Moderner Forschung ist es gelungen, tief in die Geheimnisse fremder Erdteile zu dringen, und jeder Tag bringt uns Neues, das an schon Bekanntes gereiht, das Bild, das wir von diesen Gebieten gewonnen haben, erweitert und abrundet.

Obgleich dem Europäer Indien seit dem 16. Jahrhundert immer näher gerückt ist, was zugleich heißen soll, daß sein Interesse für dieses Gebiet und seine Interessen in ihm immer mehr wuchsen, so müssen wir gestehen, daß sich noch Vieles unserem Wissen entzieht: teils, weil sich dem Forscher oft fast unüberwindliche Hindernisse entgegenstellen, teils aber, weil das allgemeine Interesse noch immer nicht genügend Aufmerksamkeit dem entgegenbringt, was außerhalb der Grenzen Europas liegt. Immerhin haben wir in letzter Zeit große Fortschritte gemacht, die uns erlauben, in das Wesen Indiens tiefer einzudringen, es besser zu verstehen. Auch die Aufmerksamkeit des Unbeteiligten wendet sich allmählich diesem wunderbaren Lande zu, zumal wir heute alles im Stadium gewaltigster Umwälzung finden; selbst dem gewiegtesten Fachmann ist es heute nicht möglich vorauszusagen, welche die Stellung Indiens zu Europa morgen sein kann und wird.

Wenn wir in das Wesen eines Volkes eindringen wollen, müssen wir versuchen, es in allen seinen Gewohnheiten zu verfolgen, besonders aber seine Sprache verstehen lernen. Sprache ist ja nicht allein Verständigungsmittel für die gröbsten Bedürfnisse des Lebens; jegliches Denken und Fühlen wird durch sie zum Ausdruck gebracht. Doch nicht nur durch sie allein. Die Kunst ist ein vorzügliches Medium, durch das der Mensch in hohem Maße zum Ausdruck bringen kann, was ihn bewegt, welche Ideen sein Leben erfüllen.

Vorzüglich ist es die bildende Kunst, die uns entgegentritt und auch dort verständlich zu uns sprechen kann, wo ihre Schöpfer schon längst aus dem Gange der Geschichte ausgeschieden sind. Musik verrauscht, das Wort verweht, und selbst dort, wo sich Geschriebenes erhalten hat, kann es zu meist nur schwer und von einem kleinen Kreis besonders begabter Menschen verstanden werden. Die Denkmäler bildender Kunst aber konnten länger dem Zahn der Zeit Trotz bieten; und selbst

Das Erotische in der indischen Kunst I

dann, wenn sie unter dem Schutt der Jahrhunderte ruhen, kann moderner Forschergeist ihnen nachspüren und sie an das Licht des Tages befördern: Scheinbar stumme, doch tatsächlich zu meist sehr beredte Zeugen entschwundener Zeit.

So gelang es auf indischem Boden, die riesigen Tempelanlagen auszugraben; die gewaltigen Stufen dem dunklen Schoß der Erde, in die sie gesunken waren, zu entreißen. Unzählige Plastiken und Erzeugnisse des Kunstgewerbes haben sich erhalten. Ja sogar Malereien wurden wieder aufgefunden, zumal in den dunklen Räumen längst verlassener Höhlentempel. All dies spricht auch zu dem, der bar jeglicher Sprachkenntnisse ist, von jener Zeit, da diese Herrlichkeiten geschaffen worden sind; da fromme Pilger zu den Heiligtümern ihrer Gottheit wallten; da gewaltige Herrscher die heute in Trümmern liegenden Schlösser bewohnten. Aus vielen Denkmälern grüßt eine Zeit herüber, in der einer der größten Religionsstifter, Buddha, auf Erden wandelte.

Ein Stück Vergangenheit der Menschheit spricht zu uns. Die Aufgabe der Forscher ist es, sie zu verlebendigen, um sie und zugleich das Heute besser verstehen zu können.

Vorderindien ragt gleich einer Halbinsel, einer riesigen allerdings, in Dreieckform in den Indischen Ozean, im Westen vom Arabischen Meer bespült. Ein Landgebiet von ungefähr 3 1/3 Millionen Quadratkilometern wird von zirka 290 Millionen Einwohnern besiedelt. Dieses Land ist nicht einheitlich gebildet, so daß wir oft den größten Gegensätzen begegnen können.

Fruchtbarstes Gebiet wechselt mit Wüste ab; weite Ebene mit höchstem Gebirge; der Himalaja schließt in seiner Kette die höchste Erhebung der Erde, den Mount Everest (8882 m), mit ein. Gleichzeitig bildet dieses mächtige Gebirge einen schützenden Abschluß nach Norden, gleichsam Indien vom übrigen Asien trennend. Flußsysteme von ungeheurem Ausmaß durchfluten das Land: das Panjab beherrscht den Nordwesten; reiche Wassermassen führen der Ganges und Brahmaputra mit sich, den nördlichen und nordöstlichen Provinzen besondere Bedeutung gebend.

Reich an Abwechslung wie dieses Land war auch die Geschichte seiner Bewohner. Europa schlief noch, als auf indischem Boden schon bedeutende Kapitel der Weltgeschichte geschrieben wurden. Die alten Epen legen Zeugenschaft dafür: das Mahabharata und das Ramayana.

Um das Jahr 1000 v. Chr. fand der Einfall arischer Völkerschaften, die aus dem Norden kamen, in das Gebiet des Indus statt. Dort trafen sie auf die eingeborenen Völkerschaften: den Dravidas und Mundas. Diese mußten immer mehr nach Süden weichen, so weit sie sich nicht den neuen Herren unterwarfen, während die Arier den Norden für sich in Anspruch nahmen und neu bevölkerten. Dort sollten sich auch die bedeutendsten Ereignisse indischer Geschichte abspielen.

Das Erotische in der indischen Kunst I

Sein Reichtum und seine Lage im Verhältnis zu den umliegenden Ländern hat Indien zu einem dauernden Ziel fremder Völkerschaften gemacht, die mit Gewalt einzudringen und die Herrschaft an sich zu reißen versuchten. Sie kamen zum Teil aus dem Norden, teilweise aus dem Westen. Der Kabul-Paß bildete zu meist die klassische Einfallspforte in das Fünfstromland (Panjab); über ihn führte die Heeres-, aber auch die Handelsstraße. Wer diesen Paß in Händen hat, bedeutet eine dauernde Gefahr für Indien. Doch nur zu oft wurde den Fremdlingen Indien zum Verhängnis: die ungewohnten Lebensbedingungen schwächte die Kraft des aus anderen Zonen Kommenden und machte es ihm unmöglich, sich den ihn vernichtenden Kräften entgegenzustellen. So mußte auch ein Alexander, der schon im Panjab eingedrungen war, den Rückzug antreten. Immerhin mußten die Inder lange Zeiträume unter dem Druck fremder Herrscher leben, die nur zu oft mit Gewalt Fremdes gegen das ureigenste Wesen dieses Volkes durchsetzen wollten. So wurde im 13. Jahrhundert Indien unter den Herrschern von Ghasna mohammedanisiert. Unter den Großmogulen, die seit dem 15. Jahrhundert den Thron von Delhi, der Hauptstadt Indiens, innehatten, gewann der Islam immer mehr an Bedeutung, neben dem aber, dank der Loyalität der Mogulfürsten, die anderen, bodenständigen Religionen zumeist unbehindert weiter existieren durften. Doch allmählich degenerierte die Macht der Großmogulen, um im Lauf der zweiten Hälfte des 18. Jahrhunderts ausgelöscht zu werden. Die lange Zeit miteinander verbundenen Ländergebiete fielen auseinander. Trotz nationaler Selbstbesinnung konnte nicht verhindert werden, daß Europäer, zumal England die innere Schwäche, hervorgerufen durch den dauernden Kriegszustand, benützten, um das für ihren Handel wichtige Gebiet unter ihre Herrschaft zu bekommen. Die Spannung zwischen den herrschenden Fremden und den Indern, und die Zerfallenheit in religiöser und nationaler Richtung, besonders auch die Gegensätze zwischen Mohammedanern und Hindus, prägen dem modernen Indien das Gesicht, in dessen Zügen zu lesen Europa, naturgemäß besonders England, mit Sorge bemüht ist.

Auf diesem uralten Kulturland, getragen von einer Völkerschaft, die aus einer Mischung von Ariern mit den dunkelhäutigen Ureinwohnern allmählich hervorgegangen ist, wuchsen zwei Dinge, seltsame Blüten treibend. Indien ist das Land der Mystik. Noch heute, oder gerade heute macht sich ihr Einfluß in Europa bedeutend geltend. Doch wird der Inder gleichzeitig von einer gesteigerten Erotik durchpulst, wie sie in Europa nicht anzutreffen ist. Die beiden sind es, die sein Denken in jeglicher Richtung beherrschen, und erst wenn man mit ihnen rechnet, kann man Indiens Kunst und Literatur verstehen. Freilich dürfen wir nicht mit europäischen Maßen herantreten, die uns zu Ungerechtigkeiten verleiten würden:

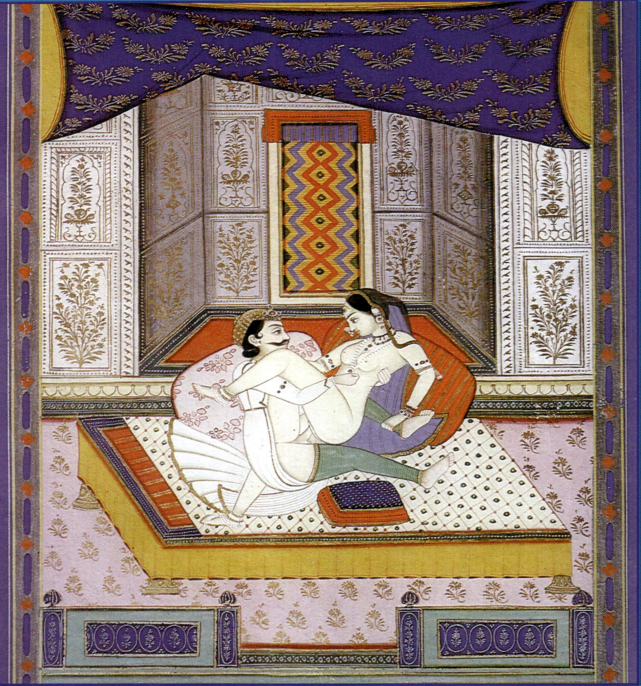

Das Erotische in der indischen Kunst I

Mystik und Erotik stehen nicht im Gegensatz. „Die Erotik in ihren positiven wie negativen Auswirkungen war es, die die Mystik in Indien zu ihrer ungeheuren Entfaltung gebracht hat". Von diesem Standpunkt aus betrachtet, können wir verstehen, wie beides in den Werken der bildenden Kunst zumeist vereint zu finden ist. Ja gerade dieses Nebeneinander gibt zumeist den Denkmälern ihre künstlerische Bedeutung, und aus der Spannung zwischen diesen beiden Größen resultiert die Kraft, die ihnen inne ist. In seine Kunstwerke legt der Inder immer eine Doppel-, ja sogar Mehrdeutigkeit. Betrachten wir nun im folgenden einige Kunstwerke: Plastik und Malerei! Zumeist bilden Gestalten aus dem religiösen Vorstellungskreis den Gegenstand der Darstellung. Erst die Zeit der Großmogulen bringt ein Hinneigen zum Genremäßigen: Szenen aus dem Hofleben beginnen vorzuherrschen.

SKULPTUREN

Die Plastik gestattet uns im Unterschied zur Malerei weit zurückzublicken.
Jene Yakshini, vom Stupa-Zaun zu Barhut, stammt ungefähr aus der Zeit um 220 v. Chr. Wir haben es hier mit einer der niederen Gottheiten der brahmanischen Götterwelt zu tun, die in ihren Formen die Idee der Fruchtbarkeit deutlich zum Ausdruck bringt: große Brüste, weit ausladende Hüften heben charakteristische Merkmale des Weibes hervor, die auf ihre Bedeutung als Gebärerin hinweisen. Trotz dieser Steigerung der Proportionen liegt im Ganzen eine reiche Harmonie. Der rechte Arm greift in den Ast des Baumes, in dessen Gezweige Blüten zu sehen sind (auch diese vielleicht ein Hinweis auf das Hervorbringen von Neuem). Der linke Arm greift um den Stamm herum; die Hand hält eine Blüte vor die Scham. Auch das linke Bein umfaßt den Baum. Das Ganze bietet ein Bild von geschwellter Kraft und üppiger Fülle.

Weniger übertreibend, zeigt dieses Relief größere Feinheit in der Gestaltung der einzelnen Formen, die sich zu einem reizvollen Ganzen fügen, das auch den geistigen Gehalt verhaltener zum Ausdruck bringt. Zwischen den beiden Werken liegen 1300 Jahre, also ein Zeitraum, der die indische Kunst zur Reife brachte.

In der Provinz Elura scheint die indische Märchenwelt feste Gestalt angenommen zu haben. Aus dem natürlichen Felsen herausgehauen, steht ein mächtiger Tempelbau; er erhebt sich in Stockwerken gegliedert, Decke und Stütze sind eins, miteinander verwachsen. Über die Wände dieses Wunderwerkes indischer Baukunst ist eine reiche Fülle plastischen Schmuckes gegossen. Reliefs, die Szenen und einzelne Personen aus der Götter- und Heldenwelt darstellen.

Trotz großer Zerstörung kann man noch die einstige Schönheit dieser Darstellung erkennen. Nicht grobe Sinnlichkeit spricht aus ihr: sie bietet ein

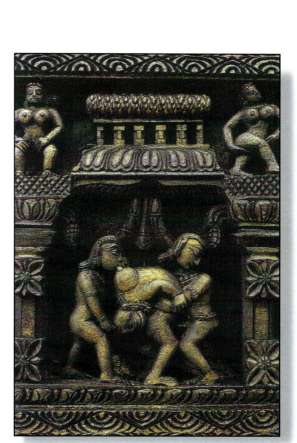

Das Erotische in der indischen Kunst I

Bild inniger Verbindung – die Linien der Arme, der Schwung von Rücken und Schultern schließen sich zu einem wohltönenden Zusammenklang.
Eine üppige Frauengestalt stellt wahrscheinlich die Flußgöttin Ganga dar. Auch hier tritt uns die Erscheinung entgegen, die die indische Kunst erfüllt: das Erotische, das die ganze Natur erfüllt, zu symbolisieren. Entspricht nicht die nährende Kraft des Flußsandes der Kräfte spendenden Milch der Brüste?
In der Provinz Orissa, an dem Tempel zu Konarka, trieb die indische Kunst ganz eigentümliche Blüten. Die Wände sind mit einem seltenen Reichtum von Reliefs überzogen, die zur Hauptsache Liebesszenen darstellen. Mit einer ganz ungewohnten Schilderungskraft werden alle Möglichkeiten des Liebesgenusses festgehalten, in einer Weise, daß der Europäer sogleich an den Staatsanwalt gemahnt wird. Doch liegt in all diesen Darstellungen so hohes Künstlertum, daß man keineswegs durch diesen Anblick abgestoßen wird.

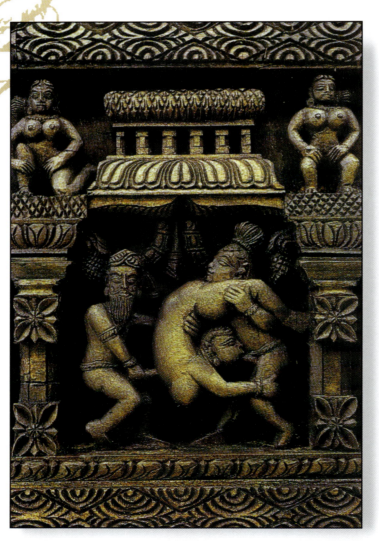

Zwar nicht auf vorderindischem Boden gewachsen, doch von ähnlichem Geist getragen, ist die Gestalt der Tänzerin.
Die Zusammenhänge zwischen Erotik und Tanz sind schon oft von bedeutenden Gelehrten festgestellt worden. Nichts bringt dies deutlicher zum Ausdruck, als die Fülle an Tänzergestalten, die sich in der indischen Plastik erhalten haben. Unser Beispiel stammt aus Cambodja, also nicht unmittelbar dem Kunstkreis Vorderindiens, der uns hier beschäftigt, und gehört zu den Schätzen

Das Erotische in der indischen Kunst I

des Musées Guimet zu Paris. Leider ist diese Plastik etwas verstümmelt, doch läßt der gut erhaltene Rest erkennen, welch Reichtum an Bewegung diesem Kunstwerk innewohnte. Obgleich ganz körperlich, wird durch die Neigung des Körpers, durch das Heben und Senken des Armes gleichsam Unwirkliches zum Ausdruck gebracht: jede Geste scheint Symbol für Jenseitiges zu sein. Immer wieder tritt uns die Gestalt Vishnus entgegen. So sehen wir ihn thronend zwischen niederen Gottheiten. Die Keule charakterisiert ihn als zeugende Gottheit. Vierarmig, mit Keule, Muschel und Diskus versehen, finden wir ihn an der Seite seiner Gattin Lakshmi – ein Symbol der in Liebe vereinten Schönheit und Weisheit. Von seltenem Reichtum der Ausführung, gehört diese Plastik zu den eigenartigsten des 13. Jahrhunderts.

Die ausgebogene Hüfte, die wohlgerundeten Brüste, die Feinheit in der Durchführung der Einzelheiten, besonders der Falten des eng anliegenden Kleides; wie weit ist dieses Werk des 17. Jahrhunderts von jener Yakshini entfernt, die uns in nördlichen Provinzen als erste entgegengetreten ist. Und wie weit ist sie von der Gestalt der Göttin Rati entfernt, die ein Produkt der Volkskunst ist, die sich auf der Insel Bali erhalten hat. Hier steigert ein Künstler mit von Tropenhitze krankhaft gesteigerter Phantasie die Körperformen des schwangeren Weibes. Mit einer Hand stützt sie die hypertrophisch gebildeten Brüste. Die andere unterstützt den Bauch.

In den Gesichtszügen drückt sich all das Leid des von Schmerzen gequälten Weibes aus. Daß auch hier das Erotische zum Ausdruck kommen soll, wird dann besonders klar, wenn wir in Betracht ziehen, daß Rati das Weib des Kama ist, des Gottes der Liebe und des Verlangens. Wir sehen, daß im Grunde eine volkstümliche Unterschicht, fernab vom großen Kunststrome des Festlandes, dasselbe zum Ausdruck bringt, das wir bei Betrachtung der großen Kunstwerke Indiens gesehen haben.

Immer wieder tritt uns der Gegensatz zwischen Zeugen und Gebärden, dem weiblichen und männlichen Element entgegen: nicht nur im Menschen, sondern auch der den Menschen umgebenden Natur. Über allem aber schwebt edle Reinheit, da alles von einer inneren Notwendigkeit ausgehend geschaffen zu sein scheint.

MALEREIEN

In den Höhlentempeln von Ajanta und Elura haben sich prächtige Denkmäler indischer Malerei erhalten, die für uns um so kostbarer sind, da sie zu den ältesten Zeugnissen dieser Kunstgattung gehören. Besonders in den Malereien von Ajanta tritt uns eine reiche Fülle von Darstellungen aus der Götter- und Sagenwelt entgegen.

Leider hat Unvorsichtigkeit den größten Teil dieser Kunstwerke zerstört. Doch geben die Kopien Griffiths immerhin ein deutliches Bild von dem Reichtum der Gestalten; Bildnisse ein-

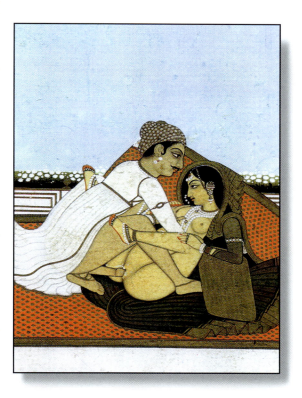

Das Erotische in der indischen Kunst I

zelner Gottheiten, Kampfszenen, Schilderungen von Fürsten mit ihrem Gefolge wechseln miteinander ab.

Parvati ist eine Verkörperung der Weltmutter Deva. Das junge Weib schmiegt sich, zärtlich zu ihm aufblickend, an ihren göttlichen Gemahl an. Gütig neigt er das Haupt zu ihr herab. Mit welcher Feinheit ist der Körper der Göttin gegeben: trotz der breiten Hüften und der üppigen Brüste, die beide auf ihre Aufgabe als Gebärerin hinweisen, liegt zarte Lieblichkeit über ihren Körper hingegossen.

Zwischen den Höhlenmalereien von Ajanta klafft eine Lücke von ungefähr 800 Jahren. Nur wenige Zeugnisse einer, sicher gepflegten, Malkunst haben sich erhalten. Erst aus der Zeit der Großmogulen treten uns Malereien in großer Anzahl entgegen. An ihrem Hofe wurde die Kunst der Miniaturmalerei in großem Maße als Hofkunst gepflegt. Als erste, bedeutungsvolle Denkmäler treten uns Blätter aus der Malschule Akbar des Großen entgegen. Sie schildern zumeist die Taten des Fürsten, Einzelheiten aus seinem Leben. Daneben werden auch die bedeutendsten Werke der indischen und persischen Literatur illustriert. Im 17. Jahrhundert wird der Darstellung von Haremsszenen, Festlichkeiten und Jagden ein größeres Feld eingeräumt, ja, diese Art des Gegenstandes nimmt im 18. Jahrhundert überhand. Zugleich nimmt auch das Gefühl für künstlerische Qualität ab. Am Ende des vorigen Jahrhunderts erfährt die indische Malkunst einen neuen Aufschwung, ohne aber die Höhe vorangegangener Epochen wiedererlangen zu können. Gleichzeitig gibt sie sich dazu her, für das europäische Publikum billige Erotikas herzustellen, die aber mit dem wahren Wesen indischer Malerei nichts zu tun haben.

Die Bilder geben einen kleinen Ausschnitt aus dem Leben der Frau.

Im Harem hat die Frau unter Frauen zu bleiben und des Gatten zu harren. Für ihn hat sie sich zu pflegen und zu schmücken. Trotz des abgeschlossenen Lebens dürfte es, zumal an Fürstenhöfen, an Kurzweil nicht gefehlt haben. Unter Musik und Tanz, Lesen und sogar Malerei verging der Tag, durch Spiel und Bad angenehm unterbrochen.

Bilder zeigen uns kleine Salons, die sich nach einer Terrasse hin öffnen. Auf den Boden gestreckt, lehnt eine Dame gegen ein Kissen. Sie genießt die Kühle, die von einem kleinen Brunnen ausgeht, der im Vordergrund ein Bassin füllt. Eine Dienerin reicht ihr in einem zierlichen Becher den labenden Trunk. Eine andere Dienerin spielt, an der Seite ihrer Herrin kniend, ein lautenartiges Instrument.

Doch von ihrem eigenen Geschlecht war die Frau nicht abgeschlossen. Sie mußte ihr Schicksal oft mit nur allzu vielen Frauen teilen. Das Haremswesen war durch den Islam nach Indien gekommen und nur von Mohammedanern eingerichtet. Zumal am Hofe des Kaisers Akbar war es wohlorgani-

Das Erotische in der indischen Kunst I

siert: prächtige Häuser und schöne Gärten beherbergten ein reges Leben, da berichtet wird, daß für 5000 Frauen gesorgt werden mußte. Es ist aber anzunehmen, daß der Harem nicht allein für die Frauen des Kaisers, sondern auch für die hoher Würdenträger geschaffen worden war.

Oft bekam der Harem auch von auswärts Besuch. Wir finden auf Bildern zwei Damen auf einer Terrasse sitzend, den Rücken gegen üppige Kissen gelehnt, prächtige Teppiche untergebreitet. Die leichte Kleidung erspart ihre Qual der Hitze; Schmuck und Schleier verhüllen kaum die Brüste. An den Füßen sehen wir die Bemalung mit rotem Lack, eine Mode, die noch heute auch in Teilen des übrigen Orients üblich ist. Es sind Damen eines fürstlichen Harems, bezeichnende Typen ihrer Zeit. Trotz der scheinbaren Einfachheit in der Kleidung dürfen wir annehmen, daß es sich um kostbare Stoffe handelt, die einer fürstlichen Gemahlin gemäß sind.

Häufig werden Liebesszenen dargestellt, die aber nicht allein Bedeutung durch die einfache Schilderung des Gegenstandes erhalten: auch die Farbe soll das Stadium der Liebe symbolisieren. Der Inder bringt mit gewissen Farbzusammenstellungen bestimmte Melodien in Zusammenhang, die ihrerseits Seelenbewegungen zum Ausdruck bringen. Es ginge hier zu weit, näher die tatsächlichen Zusammenhänge zu erforschen. Es sei nur festgestellt, daß diese Malweise später zu ganz unmöglichen Farbgebungen führ-

te, so daß man nicht hinter jedem auffallend gemalten Bilde Zusammenhänge mit erotischen Emotionen vermuten darf.

Vom liebenden Manne besucht, verbrachte die Frau einige Zeit im Gespräch mit ihm, daß oft nicht nur dazu angetan war, dem Geliebten die Zeit zu vertreiben. Wir wissen von Frauen, die vom Harem aus den Staat geleitet und für ihre Zeit Bedeutendes

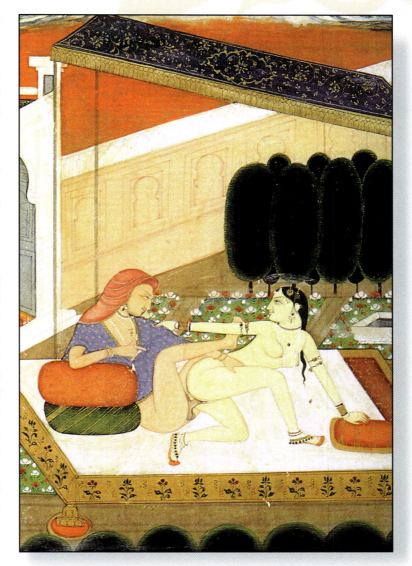

Das Erotische in der indischen Kunst I

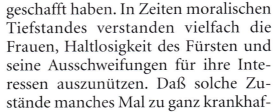

geschafft haben. In Zeiten moralischen Tiefstandes verstanden vielfach die Frauen, Haltlosigkeit des Fürsten und seine Ausschweifungen für ihre Interessen auszunützen. Daß solche Zustände manches Mal zu ganz krankhaften Auswüchsen führten, die gleich einer Eiterbeule am Körper des Staates fraßen, mag folgende Schilderung Manuccis zeigen: [1]

„Zur größeren Befriedigung seiner Gelüste befahl Schah Dschehan die Errichtung einer großen Halle, zwanzig Schritte lang und acht Schritte breit, ganz und gar mit großen Spiegeln geschmückt. Das Gold allein kostete fünfzehn Millionen Rupien, ohne die Emailarbeit und die kostbaren Steine, über die keine Rechnung geführt wurde. An der Decke der besagten Halle, zwischen zwei Spiegeln, waren schmale Goldstreifen, reich mit Juwelen verziert. An den Ecken der Spiegel hingen große Perlenbüschel, und die Wände waren aus Jaspisstein. All dieser Aufwand wurde so gemacht, damit er unzüchtig sich und seine Lieblingsfrauen beobachten konnte.

Es schien, als ob das Einzige, worum sich Schah Dschehan noch kümmerte, die Suche nach Frauen war, die seinem Vergnügen dienten. Zu diesem Zwecke errichtete er einen Jahrmarkt an seinem Hofe, der jedes Jahr acht Tage dauerte. Niemand durfte eintreten außer Frauen aller Stände, d.h. groß und klein, reich und arm, alle aber schön. Jede brachte die Ware mit, die sie konnte. Aber die beste Ware, die sie vorführen konnte, war ihr eigener Körper. Ihr einziges Ziel war, daß der König sich in sie verlieben möchte; daher pflegten ehrbare Frauen nicht an diesen Ort zu gehen. In jenen acht Tagen besuchte der König zweimal täglich die Marktbuden, auf einem kleinen Throne sitzend, der von mehreren Tartarenfrauen getragen wurde, von mehreren Matronen umgeben, die mit ihren Stäben aus emailliertem Gold in der Hand gingen, und viele Eunuchen, alles Zwischenhändler für den kommenden Handel; auch war eine Reihe Musikantinnen da".

Die Mogulmaler liebten es, Liebespaare in zärtlicher Umarmung darzustellen, zumeist im Freien, auf einer Terrasse sitzend oder vor dem Gemach der Gemahlin. Oft gemahnen solche Szenen an die galante Zeit des europäischen Rokoko.

Doch nicht nur das Alltägliche reizt den Künstler. Immer wieder beschäftigt ihn das Bedürfnis, den Gegenstand auf Jenseitiges zu richten, das dem Inder viel näher ist als dem Europäer.

Auch hier macht sich natürlich die Mehrdeutigkeit geltend. Immer wieder wandelt er das Thema des Lingam-Opfers ab. Symbol der Fruchtbarkeit, Symbol der zeugenden Gottheit. Auch hier wieder der Versuch, Musik durch Farbe auszudrücken, wobei noch

---

1) Niccolao Manucci, Storia do Mogor, übersetzt in Hermann Götz, Epochen der indischen Kunst.

Das Erotische in der indischen Kunst I

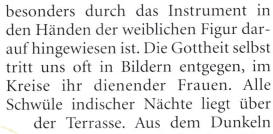

besonders durch das Instrument in den Händen der weiblichen Figur darauf hingewiesen ist. Die Gottheit selbst tritt uns oft in Bildern entgegen, im Kreise ihr dienender Frauen. Alle Schwüle indischer Nächte liegt über der Terrasse. Aus dem Dunkeln des Hintergrundes leuchten Blüten in den Wipfeln der Bäume. In welchem Gegensatz steht dieses Bild zu jener fröhlichen Gartenszene, wo ein bunter Reigen von schönen Frauen um einen jugendlichen Mann geschart sind. Er scheint ein Prinz zu sein.

Man feiert Dole–Leela, ein Fest dem Krishna geweiht. Der Frühling wird begrüßt, es ist ein Fest der Freude: Speise und Trank sind vorbereitet; Blumen werden zum Kranze gewunden; unter einem Sonnendache harrt die Liegestatt des sich liebenden Paares. Zwei Frauen scheinen durch das Tollen in Ohnmacht gefallen zu sein. Es ist ein buntes Treiben, im wahrsten Sinne des Wortes: man bespritzt einander mit bunter Flüssigkeit, bald gelb, bald rot. Rot ist eigentlich allein die Farbe, die der symbolischen Bedeutung dieses Brauches gerecht wird, da es das Blut der Dämonen bedeutet, die vom Krishna erschlagen worden sind. Mit einer bewundernswürdigen Ungezwungenheit schildert der Künstler die Vorgänge und überhaucht dadurch das ganze mit einem Schimmer von Lieblichkeit, wie wir sie von den Darstellungen mittelalterlicher Liebesgärten her kennen.

Das Erotische in der indischen Kunst I

Von einer Dienerin bereitet, ladet das Lager zur Ruhe ein: ein Prinz geleitet seine Gemahlin zum Pavillon, unter dessen Schatten spendenden Sonnendach sich beide erquicken werden. Schwüle brütet über der Landschaft, die Nerven zur Sinnlichkeit aufpeitschend.

Daß die Mogulkünstler auch realistisch darstellen, zeigen uns andere Abbildungen, doch ist der Gegenstand auch für Indien aus dem Rahmen des Gewohnten herausfallend. Immerhin muß hier festgestellt werden, daß auch hier die Grenzen des Geziemenden nicht verletzt sind.

Waren alle diese Miniaturen Einzelblätter, so illustrierten Bilder irgendein Märchen. Ein junger Prinz begegnet am Brunnen vier indischen Mädchen. Er zieht auf die Jagd. Liebenswürdig bietet die eine der Frauen dem Jüngling einen labenden Trunk. Wie manche Liebesgeschichte des Orients begann an einem Brunnen; spricht doch der Brunnen im Orient eine lebensentscheidende Rolle. Vielleicht dürfen wir auch hier ein Symbol erkennen: wie die Quelle hervorspringt und dem Wachsen in der Natur den zeugenden, gebärenden Kräften Saft gibt, so quillt die Liebe aus dem Herzen hervor, den Menschen die Lust des Blühens und Treibens spendend.

Plan des Werkes

ERSTER TEIL

Erstes Kapitel: Das Erotische in der indischen Kunst — S. 9
Zweites Kapitel: Wie man Dharma, Artha und Kama erlangt — S. 31
Drittes Kapitel: Von Künsten und Wissenschaften, die man studieren soll
Viertes Kapitel: Das Leben des Stutzers — S. 34
Fünftes Kapitel: Frauen, die man lieben, Frauen, die man meiden soll – Von den Freunden und Unterhändlern des Liebhabers — S. 37

ZWEITER TEIL
Die geschlechtliche Vereinigung

Erstes Kapitel: Die unterschiedlichen Arten des Liebesgenusses nach Maß, Begehren und Zeit – Von den Graden der Liebe — S. 40
Zweites Kapitel: Untersuchung über die Umarmung — S. 46
Drittes Kapitel: Der Kuß — S. 48
Viertes Kapitel: Nägelmale und Bißwunden — S. 51
Fünftes Kaptitel: Der Biß – Wie man mit den Frauen verschiedener Länder verfahre — S. 56
Sechstes Kapitel: Die unterschiedlichen Arten des Beischlafs — S. 60
Siebentes Kapitel: Über die Anwendung von Schlägen – die passenden Liebeslaute (sit) — S. 64
Achtes Kapitel: Frauen, welche die Rolle des Mannes spielen (der Coitus inversus) S. 68
Neuntes Kapitel: Das Auparishatakam (Mundkoitus) — S. 71
Zehntes Kapitel: Beginn und Ende des Liebesgenusses – Die Arten der Geschlechtsliebe – Liebeszank — S. 76

DRITTER TEIL
Wie man ein Mädchen gewinnt

Erstes Kapitel: Über die Ehe — S. 81
Zweites Kapitel: Wie man des Mädchens Vertrauen erwirbt — S. 85
Drittes Kapitel: Werbung durch Gebärden und Zeichen — S. 89
Viertes Kapitel: Wie der Mann seine Eroberung sichert – Ingleichen, was das Mädchen tun muß, um den Mann zu beherrschen und zu fesseln — S. 93
Fünftes Kapitel: Über einige Formen der Ehe — S. 97

VIERTER TEIL
Über die Gattin

Erstes Kapitel: Das Leben der tugendhaften Frau und ihr Benehmen in der Abwesenheit ihres Mannes — S. 100
Zweites Kapitel: Von den Pflichten der ältesten Gattin gegen die anderen Frauen ihres Mannes, von den Pflichten der jüngsten gegen die älteste Frau – Das Benehmen einer wiederverheirateten jungfräulichen Witwe und einer von ihrem Gatten zurückgesandten Frau – Von den Frauen im Harem des Königs und von dem Benehmen eines Mannes gegen mehrere Frauen — S. 104

Plan des Werkes

FÜNFTER TEIL
Anderer Leute Frauen

Erstes Kapitel: Charakter der Männer und Frauen – Warum die Frauen den Nachstellungen der Männer Widerstand leisten – Über Männer, welche bei den Frauen Erfolg haben und von Frauen, deren Eroberung leicht ist S. 109
Zweites Kapitel: Wie man sich einer Frau nähert und mit welchen Mitteln man sie erobert S. 116
Drittes Kapitel: Wie man das Wesen einer Frau prüft S. 119
Viertes Kapitel: Die Pflichten der Kupplerin S. 122
Fünftes Kapitel: Das Liebesleben der Personen von Rang und Stand S. 127
Sechstes Kapitel: Das Leben und Treiben der Frauen im Harem S. 132

SECHSTER TEIL
Die Kurtisanen

Erstes Kapitel: Warum sich eine Kurtisane an die Männer hält – Von der Kunst, einen begehrten Mann zu erobern und von den Männern, die erobernswert sind S. 135
Zweites Kapitel: Von der Kurtisane, die mit einem Manne lebt S. 141
Drittes Kapitel: Wie man zu Geld kommt – Über die Zeichen, welche verraten, daß ein Liebhaber sich zu langweilen beginnt und über die Art und Weise, sich alles Üble vom Halse zu schaffen S. 146
Viertes Kapitel: Über die Wiedervereinigung mit einem alten Liebhaber S. 149
Fünftes Kapitel: Wie eine Kurtisane zu Geld kommen kann S. 152
Sechstes Kapitel: Vom Gewinn und Verlust S. 155

SIEBENTER TEIL
Die Geheimlehre (Die Upanishad)

Erstes Kapitel: Vom Schmuck, der Verführung der Herzen und über Mittel, welche die Liebeskraft erhöhen S. 161
Zweites Kapitel: Über die Mittel, die Lust zu steigern S. 169

Nachwort: S. 179

Wie man Dharma, Artha und Kama erlangt II

Hundert Jahre lebt der Mann. Er nütze seine Zeit gut aus und strebe nach der Dreizahl der Lebensziele, jedes zu seiner Zeit, verbinde jedes mit dem nächsten, so daß sie untereinander nicht in Widerstreit geraten. In der Kindheit soll er Wissen erlangen, in der Jugend und dem reifen Mannesalter Artha und Kama, im Alter dagegen suche er Dharma zu gewinnen, auf daß er Moksa (Erlösung) erreiche, Befreiung von weiterer Wanderschaft seiner Seele. Da es ungewiß ist, wie lange ein jeder lebt, kann er sich damit auch je nach Gelegenheit befassen. Festzuhalten ist nur, daß man Brahmanenschüler bleibt, bis man das Wissen erlangt hat.

DHARMA ist die Befolgung der Shastras oder Heiligen Schrift, welche gewisse Handlungen anbefiehlt, wie Opfer, welche nicht allgemein gebracht werden, weil sie nicht von dieser Welt sind und darum äußerlich nicht sichtbar werden, oder aber Unterlassungen, wie die Enthaltung vom Fleischgenuß, den man meidet, weil die Welt es sieht. Dharma lehren auch die Shruti oder Heilige Überlieferung und die Weisen, welche sie auslegen.

ARTHA ist der Erwerb von Wissen, Ländereien, Gold, Vieh, Reichtum, Gefolge und Freunden. Zum Erwerb kommt noch der Schutz des Erworbenen und dessen Vermehrung.

Artha lehren die Beamten des Königs und erfahrenen Kaufleute.

KAMA nennt man den Genuß der angeeigneten Dinge mittels der fünf Sinne: Gehör, Gefühl, Gesicht, Geschmack und Geruch. Seele und Empfinden unterstützen sie. Das Wichtigste dabei ist die innige Berührung zwischen Sinnesorgan und Gegenstand der Wahrnehmung. Das daraus entspringende zweckbewußte Wohlgefühl heißt Kama.

Kama lehren das Kamasutram und der Verkehr mit der Lebewelt.

Treffen alle drei, Dharma, Artha und Kama zusammen, dann ist immer das Vorangehende wichtiger, besser als das Folgende, das heißt, Dharma ist besser als Artha und Artha besser denn Kama. Den Artha aber hat der König immer zuerst zu vollziehen, denn davon hängt des Volkes Wohlergehen ab. Desgleichen ist Kama die Beschäftigung der Hetären. Sie müssen ihn daher den beiden anderen vorziehen. Dies sind Ausnahmen von der allgemeinen Regel.

Erster Einwand

Da der Dharma sich nicht auf Dinge dieser Welt bezieht, sind mehrere Gelehrte der Ansicht, daß darüber schicklich in einem Lehrbuch gehandelt werden könne, wie auch über den Artha, weil er nur unter Beobachtung bestimmter Vorschriften richtig erreicht werden kann, deren Kenntnis man durch Studium und Bücher erlangt. Kama jedoch wird von den Tieren geübt, ist ihnen angeboren und überall zu sehen. Daher braucht er nicht durch ein Buch gelehrt zu werden.

Wie man Dharma, Artha und Kama erlangt II

Erwiderung

Dieser Schluß ist unrichtig. Da die fleischliche Vereinigung von Mann und Weib abhängig ist, erfordert sich die Anwendung gewisser Hilfsmittel, welche das Kamashastram lehrt. In der rohen Schöpfung findet, wie wir bemerken, keine Anwendung solcher Hilfsmittel statt. Dies hängt damit zusammen, daß bei den Tieren keinerlei Zwang gilt. Die Weibchen dulden geschlechtliche Vereinigung nur zur Brunstzeit, der Akt hat keinen seelischen Gehalt.

Zweiter Einwand

Die Lokayatika 1) sagen: „Religiöse Vorschriften brauchen nicht beobachtet zu werden, denn ihr Lohn soll erst künftig kommen. Es ist überhaupt zweifelhaft, ob Taten des Dharma einen Lohn bringen. Welcher Mensch wäre wohl toll genug, einem anderen dasjenige zu geben, was er selbst in der Hand hält? Besser heute eine Taube, als morgen einen Pfau. Ein Kupferstück, welches wir mit Sicherheit erlangen können, ist besser denn ein Goldstück, das wir noch nicht besitzen".

Erwiderung

Auch das ist unrichtig:

1. läßt die Heilige Schrift, welche die Taten des Dharma anbefiehlt, darüber keinen Zweifel zu;
2. tragen die Opfer, welche man darbringt, auf daß der Feind vernichtet werde, oder auf daß Regen falle, sichtbare Früchte;
3. wirken Sonne, Mond, Sterne, Planeten und sonstige Himmelskörper gleichsam mit Überlegung für das Beste der Welt;
4. ist das Bestehen der Welt durch die Satzungen der vier Kasten 2) und der vier Lebensalter gesichert 3);

---

1) Materialisten.
2) 1. Brahmanen (Priester), 2. Kshatriya (Krieger), 3. Vaisya (Bauern- und Kaufleute), 4. Sudra (Diener).
3) Brahmenschüler, Haushaltungsvorstand, Einsiedler, Sanyasi (Heiliger).

Wie man Dharma, Artha und Kama erlangt II

5. sehen wir, daß man in der Hoffnung auf künftige Ernte den Samen dem Schoß der Erde anvertraut.

Vatsyayana lehrt daher, daß man den Geboten des Glaubens zu gehorchen hat.

Dritter Einwand

Die Leute, welche das Schicksal für die Triebfeder alles Weltgeschehens halten, behaupten: „Wir dürfen nicht nach Reichtümern streben, denn oft erwirbt man sie nicht, allen Anstrengungen zum Trotz, während sie uns ein andermal wieder mühelos zuströmen. Folglich steht alles in der Macht des Schicksals. Es bringt den Menschen Reichtum und Armut, Sieg und Niederlage, Glück und Unglück. Vom Schicksal wurde Bali 4) auf den Thron Indras erhoben, vom Schicksal wurde er gestürzt. Eben das Schicksal wird ihn auch wieder erhöhen". Das ist die Meinung der Fatalisten.

Erwiderung

Die Folgerung ist unrichtig. Der Erwerb eines jeglichen Dinges setzt unter allen Umständen eine Betätigung des Menschen voraus, die Anwendung bestimmter Mittel. Diese Wirksamkeit kann mit Fug und Recht als Urgrund unseres Gütererwerbes angesehen werden – selbst wenn das Schicksal es so bestimmte – sie ist dazu erforderlich. Daraus folgt aber, daß ein Untätiger kein Glück empfindet.

Vierter Einwand

Es gibt Leute, welche den Artha für die Hauptsache halten. Sie gehen von folgenden Erwägungen aus: „Man strebe nicht nach Vergnügen, denn es hindert die Übung des Dharma und Artha, welche beide ihm vorzuziehen sind und wird von vielen trefflichen Menschen mißachtet. Die Taten des Kama bringen den Mann in peinliche Lagen, in Verkehr mit untergeordneten Menschen; sie verleiten ihn zu unrichtigem Handeln, machen ihn unrein, lehren ihn die Zukunft gering achten, fördern Verschwendung und Leichtsinn. Es ist männiglich bekannt, daß viele nur dem Vergnügen ergebene Männer sich selbst, ihre Familie und Freunde ins Unglück gestürzt haben. So verlor der König Dandakya 5) aus dem Geschlechte Bhoja Leben und Reich, weil er eine Brahmanentochter in böser Absicht entführte. Indra, der Götterkönig, entehrte Ahalya 6). Streng wurde er bestraft. Ein gleiches widerfuhr Kicaka 7), dem Mächtigen, da er der Draupadi in Liebe begehrte, und Ravana 8), der die Sita hatte verführen wollen. Sie erhielten den Lohn ihrer Frevel. Diese Männer und viele andere wurden also Opfer ihres Vergnügens".

Erwiderung

Der Einwand ist nicht stichhaltig: der Leib bedarf Vergnügens ebenso wie der Nahrung, um zu gedeihen. Darum sind auch die Taten des Kama berechtigt. Überdies entspringen sie dem Dharma und Artha.

---

4) Bali, ein Halbgott, besiegte Indra und setzte sich an seine Stelle. Er wurde von Wischnu zur Zeit seiner fünften Menschwerdung wieder entthront.

5) Dandakya entführte Bhargava, die Tochter eines Brahmanen, aus dessen Einsiedelei. Der Vater verfluchte ihn. Ein Sandregen verschüttete den König „samt Sippe und Reich". Unter dem Namen DANDAKA wird der Wald, in welchem der Brahmane hauste, in den Ramayana besungen. Heute ist die Stätte verschollen.

6) Ahalya war die Gattin des Gautama. Indra gewann sie durch List, indem er sich für Gautama ausgab. Der Weise verfluchte ihn, daß tausend Wunden seinen Leib bedecken sollten.

7) Kicaka war der Schwager des Königs Virata. Er wurde von Bhima, der sich als Draupadi verkleidete, getötet. Cf. Den Mahabharata.

8) Siehe dessen Geschichte in den Ramayana des Valmiki.

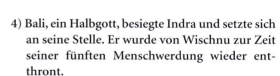

Wie man Dharma, Artha und Kama erlangt II

Natürlich muß man das Vergnügen stets mit Mäßigung und Bescheidenheit genießen. Es wird niemals beifallen, nicht zu kochen, weil ein Bettler um die bereitete Speise bitten könnte. Man unterläßt auch nicht die Aussaat des Getreides, weil Wild das reife Korn abweiden könnte.

Ein Mann, der dem Dharma, Artha und Kama obliegt, erlangt also hienieden wie im anderen Leben volles Glück. Der Edle mag furchtlos alles tun, was ihm in seinem künftigen Leben nicht schaden kann und sein Heil nicht gefährdet.

Was die drei Lebensziele, oder auch nur ein einziges derselben erreichen hilft, möge man vollbringen. Man enthalte sich nur einer Tat, welche auf Kosten der beiden anderen Ziele bloß ein einziges fördert.

Von Künsten und Wissenschaften, die man studieren soll III

Der Mann soll das Kamasutram und dessen Nebenfächer studieren, ohne die Wissenschaft des Dharma und Artha darob zu vernachlässigen. Auch die jungen Mädchen haben sich die Lehren des Kamasutram wie dessen Hilfswissenschaften zu eigen zu machen und sollen mit der Zustimmung ihres Gatten dieses Studium selbst nach ihrer Verheiratung fortsetzen.

Dagegen behaupten einzelne Gelehrte, daß den Frauen, welchen jegliches Studium verwehrt ist, auch die Beschäftigung mit dem Lehrbuche der Liebe nicht gestattet sein soll.

Dieses Verbot besteht aber nicht zu Recht, lehrt Vatsyayana, denn die Frauen kennen die Praxis des Kamasutram, welches auf dem Kamashastram beruht, der Lehre vom Kama selbst. Dieser Fall steht ja auch nicht vereinzelt da: hier, wie bei vielen anderen Lehren oder Künsten, wird die praktische Ausübung Allgemeingut, während die Kenntnis der Regeln und Gesetze, welche dieselben beherrschen, einigen wenigen vorbehalten bleibt. So z.B. bedienen sich die Yadnikas oder Opferpriester bei ihren Handlungen der für jede Gottheit bestimmten sakralen Reden, ohne sie grammatisch zu verstehen oder sie auch nur niederschreiben zu können. Oder ein Nicht-Astrologe besorgt seine Geschäfte an gewissen günstigen Tagen, ohne doch die Sterndeutekunst zu beherrschen. Ebenso verstehen Rosse- und Elefantenlen-

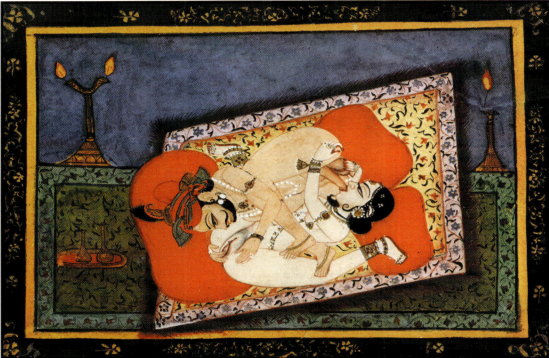

Von Künsten und Wissenschaften, die man studieren soll III

ker mit ihren Tieren umzugehen, ohne diese Fertigkeit theoretisch gelernt zu haben. Desgleichen befolgen die Völkerschaften weit entfernter Provinzen aus Überlieferung die Gesetze des Königreiches, eben weil der König über sie herrscht, ohne anderen Grund 1). Wir wissen auch aus Erfahrung, daß gewisse Frauen, Fürsten- und Ministertöchter, oder Hetären sogar, den Geist der Kamasastra erfaßt haben.

Daher soll die Frau das Kamasastram zumindest auszugsweise unter der Leitung einer erfahrenen Freundin praktisch erlernen. Allein und in Einsamkeit mache sie sich ferner mit den vierundsechzig Künsten vertraut. Eine der nachstehenden Personen mag sie darin unterweisen: ihre verheiratete Milchschwester 2), eine vertrauenswürdige Freundin, oder ihre Tante von Mutterseite, eine treue alte Dienerin oder eine Bettelnonne, welche in der Familie gelebt hat, oder aber die eigene Schwester, welcher sie sich anvertrauen mag. An der Hand des Kamasutram hat sie folgende Künste zu erlernen:

1. Gesang.
2. Instrumentalmusik.
3. Tanz
4. Zeichnen und Schreiben.
5. Tätowieren.
6. Ein Götterbild mit Reis und Blumen schmücken.
7. Lager aus Blumenblättern verfertigen und zieren, den Boden mit Blumen bestreuen.
8. Das Färben der Zähne, der Gewänder, des Haares, der Nägel 3).
9. Das Auslegen des Estrichs mit farbigem Glase.
10. Die Bereitung des Lagers, Ausbreiten von Teppichen, Verteilen der Ruhekissen.
11. Musik auf wassergefüllten, klingenden Gläsern zu machen.
12. Aufspeichern und Frischhalten des Wassers in Leitungen und Zisternen.
13. Malerei, Ausschmücken des Hauses.
14. Verfertigung von Rosenkränzen, Halsbändern und Kränzen.
15. Verfertigung von Diademen, Turbans, Federstößen.
16. Kenntnis der Schauspielkunst, theatralische Vorführungen.
17. Verfertigung von Ohrgehängen.
18. Das Mischen von Wohlgerüchen.
19. Die geschmackvolle Anordnung von Schmuck und Kleidung.
20. Magie oder Hexerei.
21. Fertigkeit der Hände.
22. Kochen.
23. Bereitung von Fruchtsäften, Sorbets und alkoholischen Getränken und deren Färbung.
24. Schneidern und Nähen.
25. Verfertigung von Nadelarbeiten in Wolle und Seide.
26. Rätselspiele aller Arten, Logogriphe, Scharaden, Wortspiele.
27. Das Versespiel: es werden Gedichte aufgesagt. Hat eine Person geendet, so muß unverzüglich eine andere fortsetzen, und zwar müssen deren Verse mit den gleichen Buchstaben anheben, mit welchem die vorhergehende geendet hat. Wer nicht weiter weiß, muß ein Pfand geben.

1) Vatsyayana will beweisen, daß ein Großteil unserer Handlungen auf Herkommen oder Überlieferung beruht, ohne daß wir nach deren Beweggründen fragen.
2) Fleischliche Vermischung mit einem Manne ist die Vorbedingung für die Berechtigung zur Unterweisung.
3) Nicht nur in Indien, sondern auch im größten Teil des übrigen Orients ist das Färben einzelner Körperpartien noch heute Brauch.

Von Künsten und Wissenschaften, die man studieren soll III

28. Die Kunst der Mimik.
29. Lesen und Singen.
30. Das Hersagen schwieriger Sätze. Ein beliebter Zeitvertreib für Frauen und Kinder. Der Satz muß rasch gesagt werden, ohne daß die Zunge dabei stolpert.
31. Fechten mit Degen und Stock, Übung in der Handhabung von Bogen und Pfeil.
32. Kenntnis der Elemente der Logik.
33. Kenntnis der Schreinerkunst.
34. Kenntnis der Baukunst.
35. Kenntnis der Gold- und Silbermünzen, von Schmuck und Edelsteinen.
36. Chemie und Mineralogie.
37. Kenntnis des Färbens und der Herkunft der Juwelen.
38. Kenntnis von Bergwerken und Steinbrüchen.
39. Gartenbaukenntnisse, wie man Bäume und Pflanzen pflegt, ihre Krankheiten heilt und ihr Alter bestimmt.
40. Veranstalten von Hahnen-, Wachtel- und Widderkämpfen.
41. Wie man Papageien und Predigerkrähen sprechen lehrt.
42. Die Kunst, den Körper zu parfümieren, das Haar zu glätten, duftend zu machen und in Zöpfe zu flechten.
43. Kenntnis von Geheimsprachen und Geheimschriften.
44. Kenntnis verschiedener Arten verabredeter Sprachen.
45. Kenntnis der verschiedenen Provinzdialekte.
46. Wie man einen Blumenwagen schmückt.
47. Kenntnis der mystischen Diagramme, Fertigkeiten in Herstellung von Liebestränken und Zauberei.
48. Geistige Gymnastik: Ergänzen von Versen oder Epigrammen, aus Versen von verschiedenen Gedichten ein neues Stück machen, das Abc der Gedächtniskunst usw.
49. Kenntnis der Metrik und Prosodie.
50. Kenntnis des Lexikons.
51. Die Kunst des Verkleidens.
52. Die Kunst, grober Wolle das Aussehen von Seide zu verleihen und gewöhnliche Gegenstände in anscheinend kostbare zu verwandeln.
53. Kenntnis der verschiedenen Arten von Glücksspielen.
54. Die Kunst, fremdes Eigentum durch Zauberei oder Mantras zu erwerben.
55. Geschicklichkeit in allen körperlichen Übungen.
56. Kenntnis der gesellschaftlichen Gebräuche und Gepflogenheiten. Der gute Ton.
57. Taktik und Strategie.
58. Gymnastik.
59. Physiognomik.
60. Fertigkeit im Verfassen von Gelegenheitsgedichten.
61. Kenntnis der literarischen Arbeit.
62. Arithmetische Kunststückchen zur Belustigung.
63. Verfertigung künstlicher Blumen.
64. Verfertigung von Tonfiguren.

Eine Hetäre, die sich durch diese Kenntnisse und Fertigkeiten auszeichnet und überdies Schönheit und Anmut besitzt, erhält den Titel Ganika. Sie nimmt einen hohen Rang ein. Im Kreise von Männern gebührt ihr ein Ehrensitz. Der König achtet, die Weisen preisen sie. Jedermann sucht ihre Gunst zu erlangen, sie genießt die Wertschätzung aller. Ebenso macht die Tochter des Königs oder eines hohen Beamten, wenn sie diese Praktiken versteht, sich den Gatten geneigt und hätte er tausend Frauen im Harem.

Überdies kann eine Frau, die durch Mißgeschick von ihrem Gatten getrennt wird und in Not gerät, sich leicht durch solche Kenntnisse ihren Lebensunterhalt verdienen, selbst in der Fremde. Durch sie wird ein Weib erst anziehend, wenn auch deren Anwendung wieder von verschiedenen anderen Umständen abhängt. Ein Mann, welcher in dieser Kunst erfahren ist, gewinnt das Herz der Frauen schnell, nach ganz kurzer Bekanntschaft.

Das Leben des Stutzers IV

Hat ein Mann solchermaßen das Wissen erlangt und ist er im Besitz eines Vermögens, das er durch Geschenk, kriegerischen Gewinn, Handelsbetrieb, als Lohn erworben oder von Ahnen ererbt hat, dann werde er Hausvater und führe das Leben eines Stutzers. Er wähle seinen Wohnsitz in einer Stadt, einem großen Dorfe, in der Nachbarschaft ehrbarer Leute, überhaupt wo großer Verkehr stattfindet. In der Nähe eines Wasserlaufes lasse er sich dort ein Haus bauen, von einem Garten umgeben, mit einem geräumigen Hofe für die Arbeiten und zwei Zimmerfluchten, einer äußeren und einer inneren. Das innere Appartement bewohnen die Frauen. Das äußere hat zu enthalten: eine weiche, schöngeschmückte Lagerstatt, gegen die Mitte zu ein wenig erhöht, mit schneeweißem Linnen bedeckt, mit Blumengirlanden umkränzt. Darüber wölbe sich ein Baldachin, am Kopf- wie am Fußende liegt ein Ruhekissen. Daneben stehe ein Sofa. Zu Häupten des Bettes ein Tisch, beladen mit Parfüms für die Nacht, Collyriumtöpfen und anderen Wohlgerüchen zur Mundpflege sowie Zitronenbaumrinde und Betel. Daneben auf dem Boden ein Spucknapf, eine Schmuckschatulle; an einem Elefantenzahn hängend eine Laute. Ferner ein Malbrett, ein Farbentopf, einige Bücher und Kränze von gelbem Amaranth. Nicht weit davon möge eine runde Sitzgelegenheit ihren Platz finden, Würfel- und Spieltisch. Draußen befinden sich Vogelkäfige für Papageien, Wachteln usw., dann ein Platz für Weberei- und Schnitzarbeiten und ähnliches. Im Garten sei eine Dreh- und Stoßschaukel, dann eine schattige Laube von Schlingpflanzen mit einer blumenbestreuten Rasenbank. Dies ist die Anordnung der Wohnung.

Nachdem er frühmorgens aufgestanden, verrichte der Hausherr die natürlichen Bedürfnisse, putze sich die Zähne, gebrauche mäßig Salben und Wohlgerüche für den Körper, bestreiche sich die Lider mit Collyrium, färbe seine Lippen mit Alaktaka 1) und betrachte sich sodann im Spiegel. Hierauf nehme er Mundkügelchen und Betel, um dem Atem angenehmen Geruch zu verleihen. Dann soll er seinen gewöhnlichen Beschäftigungen nachgehen. Alle Tage ein Bad nehmen, jeden zweiten Tag mit Öl salben, jeden dritten Tag den Körper mit Schaum 2) einreiben, alle vier Tage Antlitz und Kopf rasieren, alle fünf oder zehn Tage den übrigen Körper 3), sind unerläßliche Pflichten der Körperpflege.

All dies hat pünktlich zu geschehen. Überdies trage man Sorge, den Achselschweiß beständig zu entfernen. Vor- und nachmittags, sowie am Abend ist Speisestunde, wie Carayana es vorschreibt. Nach dem Morgenmahl lehrt man Papageien und andere Vögel sprechen, dann kommen Hahnen-, Wachtel- und Widderkämpfe. Kurze Zeit erlustige sich der Stutzer auch mit Pithamardas, Vitas und Vidusakas 4), sodann Mittagsschlaf 5). Dann macht der Hausherr Toilette und verbringt den Nachmittag im Gespräch mit seinen Freunden. Am Abend wird musi-

1) Lackfarbe.
2) Sepiaschaum vertrat die Stelle der Seife, welche erst der Islam ins Land brachte.
3) Zehn Tage, wenn die Haare ausgezogen wurden.
4) Personen des indischen Dramas, siehe später im Text.
5) Der Mittagsschlaf ist nur im Sommer gestattet, wenn die Nächte kurz sind.

Das Leben des Stutzers IV

ziert. Endlich erwartet der Mann in Gesellschaft eines Freundes in seinem geschmückten, vom Duft des Räucherwerks durchzogenen Zimmer den Besuch seiner Geliebten, oder er sendet der umworbenen Frau eine Unterhändlerin, geht auch selbst hin. Bei ihrem Eintritt begrüßen er und sein Freund die Dame mit angenehmen, heiteren Reden. Dies ist die letzte Beschäftigung des Tages. Von Zeit zu Zeit müssen folgende Zerstreuungen und Erlustigungen stattfinden:
1. Prozessionen zu Ehren verschiedener Gottheiten.
2. Gesellschaftliche Unterhaltungen.
3. Garten-Parties.
4. Sonstige Veranstaltungen.

Prozessionen

An einem besonders günstigen Tage findet eine Zusammenkunft der Männer im Tempel der Sarasvati statt 6). Dabei geben die in die Stadt gekommenen fremden Künstler eine Probe ihrer Fähigkeiten. Am Tage darauf empfangen sie die ausgesetzten Belohnungen. Je nachdem ihre Vorführungen der Gesellschaft gefallen haben oder nicht, kann man sie weiter zurückbehalten oder entlassen. Immer sollen die Mitglieder der Gesellschaft einträchtig handeln, in guten Zeiten, wie in Zeiten der Not. Die Männer haben auch den Fremden, welche in ihre Gesellschaft kommen, Schutz und Gastfreundschaft zu gewähren. Diese Regeln beziehen sich selbstverständlich auf alle anderen Festlichkeiten, welche einer bestimmten Gottheit gelten.

Gesellschaftliche Unterhaltungen

Wenn Männer gleichen Alters, gleicher Neigungen, Fähigkeiten und Bildungsstufen mit Hetären 7) zusammenkommen, sei es bei dieser oder in dem Hause eines von ihnen, um wohlgesetzte Reden zu führen, so nennt man dies eine gesellschaftliche Zusammenkunft. Die Unterhaltung dabei besteht hauptsächlich aus der Ergänzung fremder Verse und in der Erprobung des Wissens, welches sich ein jeder erworben hat. Schöne Frauen, welche die gleichen Ideale hochhalten wie die Männer, werden geehrt und geschätzt.

Zechgelage

Dieselben sollen gegenseitig in den Wohnungen stattfinden. Dabei trinken die Männer den Hetären zu und diese trinken selbst mit; Liköre, wie Madhu und Maireya, und Branntwein, wie Sura und Asava, die einen herben, bitteren Geschmack haben, ferner andere Getränke aus verschiedenen Baumrinden, Blättern und Früchten.

Garten – Parties oder Picknicks

Am Vormittag sollen sich die Männer schön kleiden und sich mit den Hetären zu Pferde, von Dienern begleitet, nach den Gärten begeben. Hier verbringen sie die Zeit mit angenehmen Belustigungen und Übungen, Hahnen-, Wachtel- und Widderkämpfen und was dergleichen Spiele mehr sind. Nachmittags kehren sie dann mit Blumensträußen heim.
In gleichem Aufzuge begibt man sich sommers zum Bade, welches ausgemauert zu sein hat und aus welchem vorher alle bösen oder giftigen Tiere entfernt worden sind.

Andere gesellschaftliche Unterhaltungen

Die Nächte mit Würfelspiel verbringen, sich bei Mondschein ergehen, Feiern des Frühlingsfestes, der Yaksha-Nacht. Brechen der Mangoblüten und -früchte. Lotoswurzelfasern essen. Junges Korn essen (Jungblattspiel). Im Walde sich ergötzen, wenn die Bäume neues Laub ansetzen. Das Wasserspritzspiel (kshveda). Sich gegenseitig mit den Blüten gewisser Bäume schmücken (Wollbaumspiel). Kämpfe mit Blüten des Kadamba-Baumes und eine Menge von anderen Spielen, wie sie den einzelnen Ländern eigentümlich sind.

Dies sind die Gesellschaftsspiele.

Besonders angebracht sind sie für einen Mann, der sich allein mit einer Hetäre vergnügt, wie für Hetären, die sich im Kreise von Stutzern oder Dienerinnen unterhalten.

---

6) Sarasvati wird als Schützerin der Kunst, insbesondere der Musik & Rhetorik und als Erfinderin des Sanskrits verehrt, eine indische Pallas Athene.

7) Die Kurtisanen (Vesya) der Inder sind oft mit den Hetären Griechenlands verglichen worden. Man kann behaupten, daß sie einen hochwichtigen sozialen Faktor in Altindien darstellte. An Bildung und Klugheit übertraf sie die Hausfrau bei weitem.

Das Leben des Stutzers IV

Pithamarda nennt man einen Mann ohne Vermögen, der allein auf der Welt steht und nichts besitzt als einen Klappstuhl (Mallika), Sepia und ein rotes Gewand. Er muß aus einer anständigen Gegend stammen und in allen Künsten erfahren sein. Er erteilt Unterricht in denselben und kommt dadurch in die Gesellschaft der Stutzer und der Hetären 8). Ein Vita 9) dagegen ist, wer sein Vermögen durchgebracht hat, dessen Vorteile er aber noch genießt: Verbindung mit den Stutzern, denen er befreundet ist, Stellung als Hausvater. Er ist verheiratet, in der Gesellschaft und bei den Hetären gut angeschrieben, von deren Unterstützung er lebt.

Ein Vidushaka oder Vaihasaka ist ein Spaßmacher, eine lustige Person; er besitzt nur einen Teil des Wissens und wird von jedermann wohlgelitten 10). Die vorstehenden Personen dienen Hetären und Stutzern als Vermittler bei Zank und Wiederversöhnung.

Dies gilt auch von den Bettlerinnen, kahlköpfigen Weibern, Ehebrecherinnen und in den Künsten wohlerfahrenen alten Hetären.

Ob er nun in der Stadt oder auf dem Dorfe lebt, immer wird der Stutzer, allseits geehrt, mit den Leuten seiner Kaste Beziehungen unterhalten, die ihm der Freundschaft wert scheinen. Er wird sich in ihrer Gesellschaft vergnügen, sie werden sich seiner Gegenwart freuen. Er stehe ihnen bei ihren Unternehmungen bei und fördere dadurch ihren Gemeinsinn.

Hier folgen einige Verse über diesen Gegenstand:

„Wer mit nicht allzu gekünstelter, aber auch nicht allzu gewöhnlicher Sprache in den Gesellschaften die Unterhaltung führt, ist überall hoch angesehen".

„Nie geht ein Weiser in eine Gesellschaft, welche mit der Welt sich in Widerspruch setzt und von ihr verachtet wird, welche von keinem Gesetz beherrscht wird und zerstörend wirkt. Dem Wissenden, der in einer Gesellschaft verkehrt, deren Tun und Lassen den Menschen angenehm ist und allein der Unterhaltung dient, wird auf Erden alles wohl gelingen".

8) Danach wäre ein Pithamarda ein Wanderlehrer.

9) Der Vita entspricht etwa dem Parasiten der griechischen Komödie. Er lebt als Hauslehrer, vielleicht auch als Zechgenosse im Hause der Reichen.

10) Der Hofnarr. Nach Wilson ist er der bescheidene Gefährte, nicht Diener einer Persönlichkeit von hohem Rang. Er ist stets ein Brahmane. Der Sancho Pansa des Orients, mit dem er Naivität und Bauernschlauheit und die Vorliebe für brav Essen und Trinken gemeinsam hat. Im Lustspiel vertritt er die Stelle des Merkurs, zeigt seine Künste, aber mit weniger Gewandtheit als dieser. Manchmal bekommt ihm sein Dazwischentreten übel. Er muß schon durch sein Äußeres, sein Alter, seine Kleidung und Attribute Lachen erwecken.

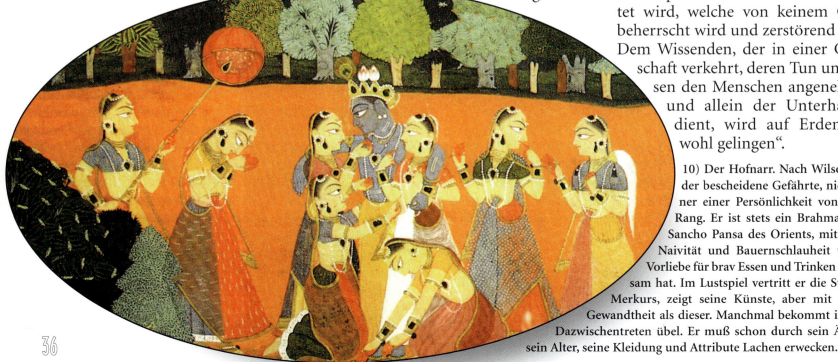

Frauen, die man lieben, Frauen, die man meiden soll V

Von den Freunden und Unterhändlern des Liebhabers

Wenn der Kama von den Männern der vier Kasten nach den Lehren der Heiligen Schrift (das heißt in gesetzlicher Ehe) mit Jungfrauen der eigenen Kaste vollbracht wird, dann ist es ein Mittel zur Erlangung rechtmäßiger Nachkommenschaft, verleiht Ansehen und widerspricht nicht den Sitten der Welt. Im Gegenteil, Liebe zu Frauen höherer Kasten oder zu schon Verheirateter gleicher Kaste ist verboten. Vollzug des Kama mit Frauen aus niedrigerer Kaste, aus ihrer Kaste Gestoßenen, mit Hetären oder mit Wiederverheirateten 1) ist weder geboten noch verboten, da er nur dem Vergnügen dient.

Demnach unterscheidet man drei Arten von Nayikas 2): Mädchen, Wiederverheiratete und Hetären. Gonikaputra ist der Ansicht, daß aus besonderen Gründen auch eine mit einem anderen verheiratete Frau zur Nayika wird, die man besuchen darf. Diese Gründe liegen dann vor:

1) Darunter ist nicht etwa eine Witwe zu verstehen, sondern vermutlich eine Frau, die von ihrem ersten Gatten getrennt ist und mit einem anderen in Lebensgemeinschaft zusammenhaust.

2) So heißt allgemein jede Frau, welche man lieben darf, ohne eine Sünde zu begehen. Die Vereinigung mit einem Weibe hat zweifachen Zweck: Vergnügen und Kinderzeugung. Jede Frau, die man im Hinblick auf eine dieser beiden Absichten genießt, ohne zu sündigen, ist eine Nayika.

1. Wenn der Mann denken darf: sie ist geschlechtlich frei. Viele andere haben sie schon vor mir genossen. Ich darf sie als Hetäre betrachten, wenn sie auch aus höherer Kaste stammt als ich. Ich verletze also durch die Vereinigung mit ihr nicht die Gebote des Dharma.
2. Sie ist zum zweiten Mal verheiratet. Andere haben sie vor mir genossen, ich darf also mit ihr Verkehr haben.
   Oder auch:
3. Sie beherrscht ihren Gatten, einen großen Herrn, welcher der Freund meines Feindes ist; vielleicht wird sie aus Liebe zu mir ihren Mann dazu bewegen können, jenen preiszugeben.
   Ferner:
4. Sie wird ihren mir feindlich gesinnten Gatten, der mächtig ist und mir zu schaden trachtet, zu meinen Gunsten umstimmen.
   Oder:
5. Durch das Liebesbündnis mit dieser Frau werde ich in die Lage versetzt, ihren Gatten zu töten, um mich seiner ungeheuren Reichtümer zu bemächtigen.
   Oder auch:
6. Die Vereinigung mit dieser Frau ist für mich gefahrlos. Überdies verschafft sie mir die Mittel zum Leben, deren ich sehr bedürftig bin, denn ich bin arm und vermag mir nichts zu erwerben. Auf diese Weise komme ich mühelos in den Besitz ihrer großen Reichtümer.
   Oder:

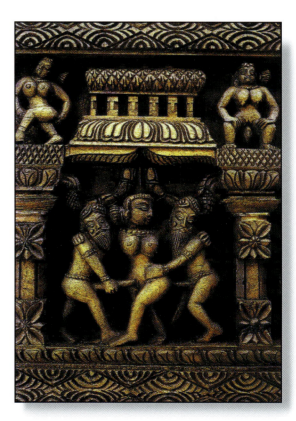

Frauen, die man lieben, Frauen, die man meiden soll V

7. Diese Frau liebt mich heiß und kennt meine Schwächen. Bin ich ihr nicht zu Willen, so wird sie mich moralisch vernichten, indem sie meine Fehler ausplaudert. Oder sie beschuldigt mich eines todeswürdigen Verbrechens, von dem ich mich nur schwer reinwaschen kann, wodurch ich zu Grunde gehen muß. Oder sie bringt ihren mir ergebenen mächtigen Gatten, den sie beherrscht, wider mich in Harnisch und drängt ihn in das Lager meiner Feinde. Oder sie macht mit meinen Widersachern gemeinsame Sache.
Oder:
8. Der Gatte dieser Frau hat meine Weiber verführt. Diesen Schimpf will ich ihm vergelten, indem ich seine Gattin schände.

Oder:

9. Mit Hilfe dieser Frau werde ich einen Feind des Königs töten, der bei ihr Schutz gesucht hat und dessen Vernichtung mir anbefohlen ist.
Oder:
10. Die Frau, die ich liebe, ist dieser untertan. Sie soll mir das Mittel sein, jene zu erlangen.
Oder:
11. Sie wird mir ein reiches und schönes Mädchen verschaffen, welches mir sonst unerreichbar wäre, da es einem anderen gehört.
Oder endlich:
12. Mein Feind ist ihres Gatten Freund. Führe ich sie nun jenem zu, dann entzweie ich ihn mit ihrem Manne.

Aus diesen und ähnlichen Gründen darf man die Frau eines anderen besuchen, selbstverständlich nicht nur aus Fleischeslust, sondern zur Erreichung dieser erwähnten Ziele.

In diesem Sinne gibt es nach Carayana noch eine fünfte Art von Nayikas: Frauen, welche von einem Minister ausgehalten oder von Zeit zu Zeit besucht werden, oder Witwen, welche die Zwecke eines Mannes bei ihrem Liebhaber fördern.

Nach Suvarnanabha sind Nonnen als eine sechste Art von Nayikas anzusehen, nach Ghotakamukha als siebente die noch unberührte Tochter einer Hetäre oder eine jungfräuliche Dienerin.

Nach Gonardiya gilt als achte Art von Nayikas eine Jungfrau aus edlem Geschlecht, welches das Kindesalter überschritten hat.

Diese vier letzten Gattungen Nayikas unterscheiden sich übrigens nicht wesentlich von den vier erstgenannten. Da überdies keine besonderen Vorschriften bestehen, sind sie unter den ersten Arten mitverstanden. Demgemäß kennt Vatsyayana nur vier Klassen von Nayikas, nämlich die Jungfrauen, die Wiederverheiratete, die Hetäre und die Frau, welche man um eines bestimmten Zweckes willen begehrt.

Folgende Frauen aber genieße man nicht:

Aussätzige, Verrückte, Ausgestoßene, solche, die Geheimnisse verraten, allzu schwarze Frauen, Übelriechende, nahe Verwandte, Freundinnen, Nonnen, endlich die Frauen von Verwandten,

Frauen, die man lieben, Frauen, die man meiden soll V

Freunden, Brahmanen und Königen. Die Schüler des Babhravya sagen: Man darf jede Frau genießen, welche sich bereits fünf Männern hingegeben hat. Gonikaputra dagegen ist der Ansicht, daß auch in diesem Falle Frauen von Verwandten, Brahmanen und des Königs auszunehmen sind.

Es folgen nun die verschiedenen Kategorien von Freunden:

Freund ist dir, wer mit dir im Sande gespielt hat; der dir verpflichtet ist; der gleichen Charakter und gleiche Neigungen hat; wer mit dir die Schulbank gedrückt hat; wer deine Geheimnisse und Fehler kennt und umgekehrt; dein Milchbruder, der mit dir aufgezogen wurde; wer ein Freund deines Vaters ist. Folgende Eigenschaften sollen deine Freunde besitzen:
• Sie sollen die Wahrheit sprechen;
• Sie sollen beständig sein;
• Sie sollen deine Pläne fördern;
• Sie sollen von festem Charakter sein;
• Sie sollen frei sein von Eigennutz;
• Sie sollen nicht käuflich sein;
• Sie sollen deine Geheimnisse nicht preisgeben.
Freunde sind nach Carayana Wäscher, Barbiere, Hirten, Blumenverkäufer, Händler mit Wohlgerüchen, Betelhändler, Gastwirte, Bettler, Pithamardas, Vitas und Vidushakas sowie deren Frauen.

Die Eigenschaften eines Boten aber sollen sein:

Geschicklichkeit, Kühnheit, Menschenkenntnis, Wittern von Absichten aus bloßen Gebärden, Dreistigkeit, Geistesgegenwart, richtige Wertung von Handlungen und Reden der anderen, gute Lebensart, Kenntnis der Gelegenheit zum Hintergehen, Ehrlichkeit, Intelligenz, Entschlußfähigkeit und Sicherheit in der Wahl seiner Mittel.

Nun ein Schlußvers:

„Ein selbstbewußter, gewandter Mann, der Menschenkenntnis besitzt, kann mit Hilfe eines Freundes mühelos ein unerreichbar scheinendes Weib erlangen".

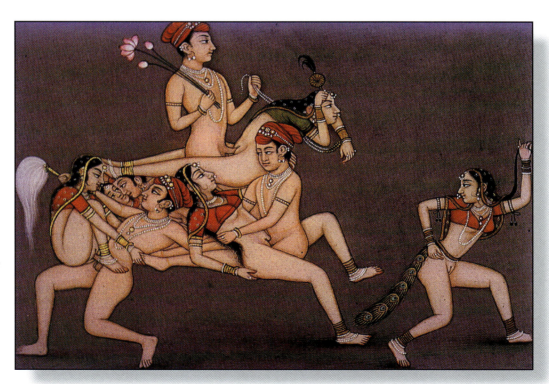

Zweiter Teil
Die geschlechtliche Vereinigung

Die unterschiedlichen Arten des Leibesgenusses nach Maß, Begehren und Zeit

Von den Graden der Liebe I

Mit Rücksicht auf die Größe ihres Lingam (Gliedes) teilt man die Männer in drei Klassen: Hase, Stier, Hengst, die Frauen dagegen nach der Tiefe ihres Yoni in Gazelle, Stute, Elefantenkuh 1). Hieraus folgt, daß es bei Vereinigung entsprechender Personen drei gleiche Liebesvereinigungen gibt, durch Vertauschung der drei Kategorien ferner sechs ungleiche, insgesamt also neun, wie die Tabelle zeigt:

Ist bei diesen Vereinigungen der Mann der stärkere Teil, so gibt es bei der engen Vereinigung, das heißt mit der Frau, welche ihm nach der obigen Anordnung unmittelbar nachsteht, einer einzigen Art „Niedrigen Liebesgenuß".

Mit anderen Worten: Vereinigung des Hengstes mit der Stute, dann des Stieres mit der Gazelle ergibt „Hohen Liebesgenuß", von Hengst und Gazelle aber „Höheren". Auf Seiten der Weiber erzielen Elefantenkuh und Stier, Stute und Hase „Niedrigen Liebesgenuß". Es gibt also neun Arten der Vereinigung nach der Größe der Zeugungsglieder. Die gleichen darunter sind die besten, die zwei durch den Komparativ bezeichneten die schlechtesten; die übrigen sind mittelgut. Unter diesen letzteren sind wieder die „hohen" Ver-

Gleich		Ungleich	
Mann	Frau	Mann	Frau
Hase	Gazelle	Hase	Stute
Stier	Stute	Hase	Elefantenkuh
Hengst	Elefantenkuh	Stier	Gazelle
		Stier	Elefantenkuh
		Hengst	Stute
		Hengst	Gazelle

zwei „Hohe Liebesgenüsse"; vereinigt er sich aber mit der Frau, welche das entgegengesetzte Ende der Größentabelle einnimmt, so nennt man dies „Höheren Liebesgenuß". Dieser ist von einerlei Art.

Im umgekehrten Falle, bei der weiten Vereinigung, wenn nämlich der Mann der Frau an Größe im Sinne der Tabelle nachsteht, spricht man analog einerseits von zwei Arten „Niedrigen" und seits von zwei Arten „Niedrigen" und einigungen besser als die „niedrigen". Ebenso gibt es neun Arten der Vereinigung nach der Stärke und dem Feuer des Temperaments:

1) Die Tiernamen zeigen uns auch hier das Bedürfnis des Inders, seine Vergleiche aus der ihn umgebenden Natur zu ziehen. Besonders der Elefant, ein ihm heiliges Tier, spielt in seinen Vorstellungen eine bedeutende Rolle.

Von den Graden der Liebe I

Kühl nennt man einen Mann, dessen Begehren bei der geschlechtlichen Vereinigung wenig lebhaft und dessen Samenerguß gering ist, der ferner die heißen Umarmungen des Weibes nicht verträgt.

Im Gegensatz dazu stehen die Mittleren und die Feurigen, ebenso ist es bei der Frau, wie oben ausgeführt.

Endlich ergeben sich mit Rücksicht auf die Zeitdauer des Liebesgenusses drei Klassen von Männern und Frauen, nämlich schnelle, mittlere und langsame. Hieraus entstehen analog wiederum neun Arten der Vereinigung.

In diesem letzten Belange gehen übrigens die Meinungen über die Wollust der Frau auseinander.

Auddalaki sagt: „Die Frau genießt nicht so wie der Mann. Sie hat keinen Samenerguß´. Der Mann befriedigt einfach seine Geilheit, das Weib dagegen empfindet in der Wonne des Selbstbewußtseins einen ganz besonderen Genuß, doch vermag sie ihn nicht näher zu beschreiben. Tatsache ist jedenfalls, daß der Mann von selbst aufhört, wenn er genossen hat. Beim Weibe trifft dies nicht zu".

Dieser Ansicht steht ein Einwand entgegen: dehnt der Mann den Beischlaf lange aus, dann liebt ihn die Frau desto mehr, beendigt er ihn allzu schnell, dann ist sie mit ihm unzufrieden. Dieser Umstand, meinen einige, beweist klar, daß auch die Frau Wollust erlangt. Das dürfte aber nicht richtig sein. Ist nämlich eine lange Zeit erforderlich, um die Geilheit der Frau zu stillen und empfindet sie dabei große Wonne, dann ist ihr Wunsch nur ganz natürlich, daß dieser Zustand fortdauere. Hierüber gibt es einen Vers: „Die geschlechtliche Vereinigung mit dem Manne befriedigt die Geilheit der Frau, die daraus entstehende selbstbewußte Wonne ist ihr Genuß".

Babhravya und seine Schüler dagegen lehren, daß sich der Samen der Frau vom Anfang bis zum Ende der geschlechtlichen Vereinigung beständig ergießt. Hätte die Frau keinen Samen, dann könne auch keine Empfängnis stattfinden 2).

Gegen diese Meinung läßt sich einwenden, daß zu Beginn des Beischlafs die Liebeslust der Frau gering ist, so daß sie Mühe hat, die kräftigen Stöße ihres Geliebten zu ertragen. Im weiteren Verlauf jedoch steigert sich ihre Leidenschaft bis zur Mißachtung des eigenen Leibes. Dann endlich empfindet sie den Wunsch, aufzuhören.

Mann	Weib	Mann	Weib
kühl	kühl	kühl	mittel
mittel	mittel	kühl	feurig
feurig	feurig	mittel	kühl
		mittel	feurig
		feurig	kühl
		feurig	mittel

2. Es ist klar, daß dem Inder – mit Ausnahme des von Europa belehrten – die physiologischen Funktionen der beiden Gatten unklar bleiben. Daher die Erwähnung des weiblichen Samens.

Von den Graden der Liebe I

Auch dieser Einwurf ist haltlos. Jede heftige Bewegung, die Drehung der Töpferscheibe, des Kreisels, hebt langsam an und erreicht erst schrittweise den Höhepunkt der Geschwindigkeit. Desgleichen wächst die Leidenschaft der Frau schrittweise, um wieder zu ermatten, wenn sich der Samen gänzlich ergossen hat. Dann ist der Wunsch da, aufzuhören.

Ein Vers:

„Der Mann ergießt seinen Samen am Ende des Beischlafs, während die Frauen ununterbrochen Wollust empfinden. Das Verlangen, aufzuhören, entsteht aus Mangel an Stoff".

Die Frau genießt also die Wollust wie der Mann. So lehrt Vatsyayana.

Hier könnte jemand fragen: Wenn Mann und Frau demnach Geschöpfe gleicher Art sind und zu dem gleichen Ergebnis beitragen, warum haben sie dann verschiedene Zwecke zu erfüllen? Darauf sagt Vatsyayana: Dem ist so, weil die Mittel zur Erreichung desselben Zwecks, wie das Bewußtsein bei Mann und Frau verschieden sind; Verschiedenheit der Mittel von Natur aus, indem der Mann der aktive, die Frau der leidende Teil ist. Sonst könnte nämlich der umgekehrte Fall eintreten. Aus dieser zwangsläufigen körperlichen entspringt die Bewußtseinsverschiedenheit. Der Mann denkt bei der Befriedigung: „Dieses Weib gehört mir an". Die Frau dagegen denkt: „Ihm gehöre ich ganz an".

Man könnte bemerken: warum sollte es nicht eine Verschiedenheit des Resultates geben, wenn es schon eine Verschiedenheit der Mittel gibt?

Auch das stimmt nicht. Die Verschiedenheit der Mittel findet ihren Grund in der Verschiedenheit der handelnden Personen. Es wäre jedoch unbegründet, eine Verschiedenheit in der genossenen Wonne bei beiden anzunehmen, denn das Vergnügen ergibt sich für beide daraus, daß sie vereint die gleiche Handlung setzen 3).

Auch dawider könnte man anführen, daß verschiedene Leute, die an einem und demselben Werke arbeiten, nach demselben Ziele streben. In der Vereinigung von Mann und Frau dagegen verfolgt ein jedes sein Ziel für sich, was unlogisch ist. Dieser Einwand ist nicht stichhaltig. Wir sehen, daß auch zwei Dinge zu gleicher Zeit vollbracht werden, z.B. bei den Widderkämpfen, wo beide Böcke gleichzeitig aufeinanderstoßen, oder wenn man beim Spiel zwei Kugeln gegeneinander schleudert, oder beim Wettkampfe zweier Ringer. Hält man nun daran fest, daß in vorstehendem Falle die beiden Personen von gleicher Art sind, so ergibt sich daraus, daß auch Mann und Frau wesensgleich sind, folglich kein Unterschied des realen Inhalts ihrer Tätigkeit vorhanden ist. Die Verschiedenheit der von ihnen angewandten Mittel rührt von ihrer Leibesbeschaffenheit her, darum also erlangen beide ähnliche Wonne.

---

3) Derartige langatmige Auseinandersetzungen sind bei den Sanskritschriftstellern sehr beliebt. Man stellt eine bestimmte These auf und führt dann Gründe für und wider an. Im vorliegenden Fall will Vatsyayana nur sagen, daß der Genuß, den Mann und Frau im Beischlaf empfinden, durch verschiedene Ursachen hervorgerufen wird, da ein jedes unabhängig vom anderen Teil seine Tätigkeit vollbringt und nur für die eigene Person das Bewußtsein der Wonne hat.

Von den Graden der Liebe I

Ein Vers darüber:
„Da kein Unterschied der Gattung besteht, genießen Mann und Frau ähnliche Wonnen; daher eheliche der Mann stets eine Frau, die ihn immer zu lieben imstande ist".

Nachdem nunmehr bewiesen ist, daß die Wollust von Mann und Weib gleicher Art ist, ergeben sich in Bezug auf die Zeitdauer neun Arten des Beischlafs, wie es neun mit Rücksicht auf die Leidenschaft gibt.

Zusammenfassend finden wir also neun unterschiedliche Arten des Beischlafs nach Maß, Begehren und Zeitdauer. Die Kombination dieser dreimal neun Komponenten ergibt unzählige Abarten. Daher hat der Mann bei jeder Art der geschlechtlichen Vereinigung die jeweils angemessenen Mittel in Anwendung zu bringen. Die Frau ist so zu bedienen, daß sie die Wollust zuerst erlangt 4).

Beim ersten Beischlaf zeigt der Mann feuriges Ungestüm und kommt bald zu Ende. Das Umgekehrte ist bei den weiteren Vereinigungen der Fall. Bei der Frau hingegen findet das Entgegengesetzte statt. Beim ersten Koitus ist ihre Liebeslust mäßig und sie braucht lange bis zur Befriedigung, beim weiteren Beischlaf dagegen loht ihre Lust hoch auf und sie erlangt bald Befriedigung.

Die verschiedenen Arten der Liebe

Kenner der Sache sind der Ansicht, daß es vier Arten von Liebe gibt:
1. aus Gewohnheit entspringende;
2. in der Einbildung wurzelnde;
3. auf Vertrauen aufgebaute und
4. von den Gegenständen der Sinnenwelt abhängige Liebe.

1) Liebe, die aus dem immerwährenden Vollzug einer bestimmten Tätigkeit entspringt, nennt man Liebe zur Beschäftigung oder Gewohnheit, z.B. Liebe zur Geschlechtsvereinigung, zur Jagd, zum Trunk, zum Spiel usw.
2) Liebe zu Dingen, die man vorher gar nicht kannte, die lediglich in der Gedankenwelt wurzelt, nennt man Liebe aus Einbildungskraft, wie z.B. die Vorliebe, welche gewisse Männer, Frauen und Eunuchen für das Auparishtakam oder den Mundkoitus hegen, ferner die Neigung aller Menschen zu Kuß und Umarmung usw.
3) Liebe, die auf wechselseitigem Vertrauen aufgebaut ist, an deren Aufrichtigkeit man nicht zweifeln kann, bei welcher jedes in dem anderen einen Teil seiner selbst sieht, nennt man Liebe aus Vertrauen.
4) Die sichtbare, wohlbekannte Liebe ist die sinnliche. Sie gewährt höhere Wonne als die anderen Abarten, die nur durch sie bestehen.

Für den gebildeten Mann genügt das, was in dem vorliegenden Kapitel über die geschlechtliche Vereinigung gesagt wurde, vollkommen. Für den Unwissenden jedoch soll dieser Gegenstand im folgenden ausführlich besprochen werden.

Dieser Teil des Kamashastram, welcher von der geschlechtlichen Vereinigung handelt, heißt auch „Die vierundsechzig Dinge" (Catuhshashti), vielleicht

4) Bedeutsam für Ehegatten und deren Frauen. Die meisten Männer ignorieren die Gefühle ihrer Gattinnen völlig. Es kümmert sie wenig, ob die Frau bereit ist oder nicht. Wie man den Teig für die Brotbereitung knetet, muß die Frau auf den Akt vorbereitet werden, damit er ihr Freude bereite.

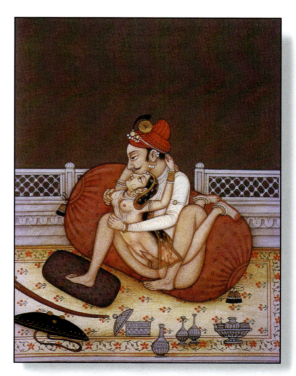

Untersuchung über die Umarmung II

deshalb, weil er in vierundsechzig Kapitel geteilt ist. Da die Zahl der Künste vierundsechzig beträgt und sie einen Teil der geschlechtlichen Vereinigung bilden, heißt die Summe der Künste „die Vierundsechzig", indem die in zehn Abschnitte zerfallenden Gesänge des Rgveda danach genannt sind und hier auch ein Zusammenhang mit diesem Worte gegeben ist. Wegen des Zusammenhanges mit Pancala, dem Verfasser dieses Teiles, ist jene Bezeichnung ehrenhalber von Kennern des Rgveda angewendet worden. Dies ist die Lehrmeinung anderer. Andererseits sagen die Schüler des Babhravya, daß der erwähnte Teil acht Abschnitte enthält: Umarmung, Kuß, Nägelmale, Bißwunden, Beischlaf, Liebeslaute, umgekehrter Koitus und Auparishtakam oder Mundkoitus. Jeder dieser Abschnitte zerfällt in acht Unterabteilungen, acht mal acht gibt vierundsechzig Kombinationsmöglichkeiten, daher der Name. Zu diesen acht Gruppen kommen noch andere, wie Schläge, Ausrufungen, Benehmen des Mannes während der Begattung, Abarten des Beischlafs u.a.m. Es ist daher nur eine sprichwörtliche Redensart, wenn man von den „Vierundsechzig" spricht, wie man einen Baum „Siebenblatt (shaptaparna) oder eine Reisspende „fünffarbig" (pancavarna) nennt, wiewohl der Baum nicht sieben Blätter hat, noch der Reis fünf Farben. So Vatsyayana.

Wie dem auch sei, hier wird von den „Vierundsechzig" gehandelt werden, und zwar von dem ersten Punkt: Umarmung. Sie gibt die wechselseitige Liebe von Mann und Frau kund. Man unterscheidet vier Arten derselben:
- Berührende,
- durchbohrende,
- reibende und
- pressende Umarmung.

Die Art der Ausführung ist schon durch die Bezeichnung gegeben. Tritt der Mann unter irgend einem Vorwand an eine Frau heran, so daß sein Leib den ihren berührt, so ist dies eine berührende Umarmung.

Wenn sich die Frau an einem einsamen Ort bückt, als ob sie etwas von der Erde aufheben möchte und dabei den sitzenden oder stehenden Mann gleichsam mit ihren Brüsten durchbohrt, deren sich der Mann sofort bemächtigt, so nennt man dies eine durchbohrende Umarmung. Beides findet statt, wenn die Liebenden noch keine rechte Gelegenheit zu einer Aussprache hatten.

Gehen zwei Liebende in der Dunkelheit langsam dahin, sei es in der Einsamkeit oder in einem Menschengedränge, so daß ihre Leiber sich aneinander reiben, so ist dies die reibende Umarmung.

Sie wird zur pressenden Umarmung, wenn dabei eines das andere stark gegen eine Mauer oder Säule drückt. Diese zwei letzteren werden von Leuten geübt, die ihre beiderseitigen Gedanken und Absichten bereits kennen.

Im Augenblick der fleischlichen Vereinigung sind vier Arten der Umarmung im Schwang:
- das Lianenumschlingen (Jatavestitaka),
- das Baumbesteigen (Vrikshadhirudhaka),

Untersuchung über die Umarmung II

- Sesam und Reis (Tilatandulaka),
- Milch und Wasser (Kshiraniraka).

Wenn eine Frau den Mann umschlingt, wie die Liane einen Baum, und sein Haupt zu sich herabzieht, um ihn zu küssen, oder sich leise stöhnend zu ihm aufrichtet und ihn liebevoll küßt, so nennt man dies „Lianenumschlingen".

Setzt die Frau einen Fuß auf den Fuß des Geliebten, den zweiten auf den Schenkel, umschlingt sie ihn dabei mit einem Arm, während der zweite auf seiner Schulter ruht, girrt sie dazu leise und sucht sie ihn förmlich zu erklettern, um einen Kuß zu holen, so ist das „Baumbesteigen".

Diese beiden Umarmungen finden im Stehen statt.

Liegen beide Liebende auf dem Lager, wobei sie einander so fest umarmen, daß Arme und Schenkel des einen von denen des anderen in reibender Bewegung umschlossen werden, so ist dies die „Sesam- und Reis"-Umschlingung.

Oder sie wollen, blind vor Leidenschaft und des Schmerzes spottend, förmlich einander durchdringen, indem das Weib auf dem Schoße des Liebhabers sitzt, oder beide Aug in Aug auf dem Lager ruhen, dann nennen wir diese Umarmung „Milch und Wasser".

Dies findet zur Zeit des Beischlafs statt. Dies sind die acht Umarmungen nach Babhravya.

Suvarnanabha zählt außerdem noch vier Umarmungen einzelner Glieder des Leibes auf:
- die Schenkelumarmung,
- die Umarmung des Jaghana (zwischen Nabel und Schenkel),
- die Umarmung der Brüste,
- die Stirnschmuckumarmung.

Preßt man einen oder beide Schenkel des anderen aus Leibeskräften mit der Klammer der eigenen Schenkel, so ist dies die Schenkelumarmung.

Mit fliegendem Haar besteigt das Weib den Mann, mit der Scham die Scham drückend, ihn kratzend, beißend und schlagend. Dies nennt man die Umarmung des Jaghana.

Wenn die Frau die Brüste gegen die Brust des Mannes preßt, so ist dies die Brüsteumarmung.

Mund an Mund, Aug in Aug getaucht, stoße sie ihre Stirn gegen die seine: dies ist die Stirnschmuckumarmung.

Nach einzelnen wäre auch das Massieren als Umarmung anzusehen, weil dabei eine Berührung beider Leiber stattfindet. Vatsyayana dagegen hält dafür, daß das Massieren zu anderer Zeit und zu gänzlich verschiedenem Zweck stattfindet, weshalb es nicht zu den Umarmungen gerechnet werden kann. Die bloße Kenntnis der Regeln über die Umarmung, das bloße Sprechen darüber erzeugt bei den Männern Liebesverlangen. Auch die hier nicht gelehrten Umarmungen sollen zur Zeit des Geschlechtsgenusses gehörig angewendet werden, wenn man sich von ihnen Mehrung der Leidenschaft oder Steigerung des Vergnügens verspricht. Die Regeln des Kamashastram reichen nur so weit, als die Erregung des Menschen in mäßigen Grenzen bleibt. Ist aber einmal das Rad der Wollust in Gang gekommen, dann gibt es weder Lehrbuch noch Reihenfolge mehr.

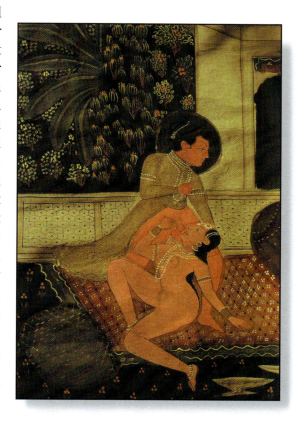

Der Kuß III

Für die Umarmung, den Kuß, Nägel- und Bißmale gibt es nach Ansicht einiger weder eine bestimmte Reihenfolge, noch eine bestimmte Zeit. Es ist nur festzuhalten, daß all diese Dinge gewöhnlich vor der geschlechtlichen Vereinigung am Platze sind, Schläge und Liebeslaute (sit) dagegen während des Beischlafs. Die Leidenschaft kehrt sich nicht an Ordnung noch an Zeit, lehrt Vatsyayana. Ihr sind alle Liebesäußerungen willkommen.

Während des ersten Beischlafs soll man vom Kuß und den übrigen Liebesbezeugungen nur wenig und abwechselnd Gebrauch machen. Dann aber ist das Umgekehrte am Platze, die Mäßigung überflüssig. Im Gegenteil, man häufe die Zärtlichkeiten, um die Leidenschaft anzufachen.

Auf Stirn, Haar, Wangen, Augen, Brüste, Lippen drückt man Küsse; bei den Bewohnern von Lata überdies auf Weichen, Achselhöhle und Nabel. Nach Landessitte und in Liebesraserei gelten alle diese Stellen, doch ist Vatsyayana der Ansicht, daß sich deren Liebkosung nicht für alle Leute schickt.

Handelt es sich um eine Jungfrau, dann sind drei Küsse angemessen:
- der gemessene,
- der zuckende und
- der stoßende Kuß.

Der Kuß III

Legt die Geliebte ihren Mund auf den des Mannes, ohne mehr, so ist dies ein gemessener Kuß.

Setzt das Mädchen ihre Keuschheit ein wenig beiseite, sucht sie mit ihrer Unterlippe allein die Lippe zu fassen, die ihren Mund preßt, so nennt man einen solchen Kuß „zuckend".

Schließt das Mädchen die Augen und berührt sie dabei die Lippe des Geliebten mit der Zungenspitze, legt sie ferner ihre Hände in die des Mannes, so ist das ein stoßender Kuß.

Nach anderen Schriftstellern wären vier Gattungen zu unterscheiden, nämlich:
- der gleiche (gerade) Kuß,
- der geneigte Kuß,
- der irrende (gedrehte) Kuß,
- der gepreßte Kuß.

Ruht die Lippe auf der Lippe, so ist das der gleiche Kuß.

Neigen die Liebenden die Köpfe zueinander und küssen sich in dieser Stellung, so ist dies ein geneigter Kuß.

Erfaßt eines das andere an Kopf und Kinn und gibt ihn unter Hin- und Herwenden einen Kuß, so ist es ein „irrender".

Saugt sich Unterlippe an Unterlippe drückend fest, so ist das ein gepreßter Kuß.

Es gibt noch eine fünfte Ausführung, den „abgepreßten Kuß". Man hält dabei die Unterlippe mit zwei Fingern fest, berührt sie sodann fest mit der Zunge und preßt sie mit gespitztem Munde.

Beim Küssen kann man sich auch mit einem Spiel vergnügen; wer nämlich zuerst des anderen Lippen zu fassen bekommt, ist Sieger. Verliert die Frau, dann soll sie Miene machen, zu weinen, soll dem Geliebten mit dem Finger drohen, ihm den Rücken kehren und schmollend sagen: „Gib mir Revanche!" Verliert sie abermals, dann soll sie sich doppelt so traurig gebärden. Ist dann der Geliebte zerstreut oder eingeschlummert, dann soll sie sich mit den Zähnen seiner Unterlippe bemächtigen, sie festhalten und in Lachen ausbrechen. Dabei tanze, hüpfe sie um ihn herum, runzle die Brauen und rolle die Augen, rufe, was ihr gerade durch den Kopf geht. Das ist der Streit beim Küssespiel. Man kann es auch noch mit Kratzen und Beißen und Schlagen verbinden. All diese Praktiken sind jedoch nur für Leute von heißem Temperament.

Küßt der Mann die Oberlippe der Frau, diese hinwiederum die Unterlippe des Geliebten, so heißt dies ein Oberlippenkuß.

Ergreift das eine mit der Lippenklammer beide Lippen des anderen, so ist es ein drückender Kuß. Ihn wendet nur die Frau bei einem bartlosen Jüngling an. Wenn hierbei er oder sie mit der Zunge Zähne, Gaumen oder Zunge des anderen berührt, so nennt man dies Zungenkampf. Hierher gehört auch das Pressen der Zähne gegen den Mund des anderen.

Je nach der Stelle, auf welche er gedrückt wird, ist der Kuß von viererlei Art: gemäßigt, gepreßt, saugend oder sanft.

Küßt das Weib den Geliebten während er schläft, um ihm ihr Verlangen kund

Der Kuß III

zu tun, so nennt man dies „entfachen der Leidenschaft". Küßt sie ihn, wenn er durch irgend etwas abgelenkt ist, oder mit ihr zankt, oder beschäftigt ist, nennt man diesen Kuß, durch den sie seine Aufmerksamkeit sich zuzuwenden trachtet, den antreibenden Kuß. Kehrt der Mann spät nachts heim und küßt seine auf dem Lager ruhende Geliebte, so ist dies der erweckende Kuß. In diesem Falle kann die Frau sich schlafend stellen, um seine Absicht zu ergründen und seine Achtung zu erringen.

Küßt man das Bild der Geliebten Person im Spiegel oder im Wasser, dann spricht man von einem Kuß, der die Gefühle offenbaren soll. Wenn man in Gegenwart der geliebten Person ein Kind küßt, das man auf dem Schoße hält oder auch ein Bild oder eine Statue, nennt man diese Liebkosung den übertragenen Kuß.

Wenn der Mann bei Nacht, im Theater oder in Gesellschaft, der Frau entgegengeht und ihr, wenn sie steht, den Finger, wenn sie sitzt aber die Zehe küßt, oder wenn das Weib ihren Geliebten massiert, und dabei, wie vom Schlaf übermannt, den Kopf auf seinen Schenkel legt und diesen oder die große Zehe küßt, so ist dies ein herausfordernder Kuß.

Zum Beschluß noch ein Vers:

Jede Liebkosung vergelte man mit Liebkosung: Kuß um Kuß, Schlag um Schlag.

Nägelmale und Bißwunden IV

Wird die Leidenschaft heftig, dann ist das Kratzen mit den Nägeln angebracht. Es wird bei folgenden Gelegenheiten angewendet: bei der ersten Vereinigung, beim Antritt einer Reise, bei der Rückkehr, bei der Versöhnung mit der zürnenden Geliebten und wenn sie betrunken ist.

In beständiger Anwendung sind diese Praktiken jedoch nur bei sehr feurigen Liebhabern. Je nach Wunsch tritt noch das Beißen mit den Zähnen hinzu.

Nach der Art der entstehenden Male unterscheidet man acht Formen:
1. die „klingende",
2. den Halbmond,
3. den Kreis,
4. die Linie,
5. die Tigerkralle,
6. den Pfauenfuß,
7. den Hasensprung und
8. das blaue Lotosblatt.

Anzubringen sind sie an folgenden Stellen: Achselhöhlen, Hals, Brüste, Lippen, Jaghana oder Schamgegend und Schenkel. Suvarnanabha sagt: „Wenn die Leidenschaft ins Ungemessene wächst, dann ist jeder Ort geeignet."

Die Nägel seien glänzend, gut gewachsen, sauber, nicht ausgezackt und nicht hart. Nach ihrer Größe unterscheidet man kurze, mittlere und lange Nägel.

Lange Nägel verleihen der Hand Anmut und ziehen durch ihren Anblick Frauenherzen an. Sie eignen den Bengalen.

Nägelmale und Bißwunden IV

Kurze Nägel sind widerstandsfähig. Ihre Anwendung dient stets nur dem Vergnügen. Sie finden sich bei den Bewohnern des Südlandes.

Mittlere Nägel besitzen die Eigenschaften der beiden anderen Arten. Sie kommen bei den Bewohnern von Maharashtra vor.

Drückt man nun das Kinn, die Brüste, die Unterlippe oder das Jaghana einer Frau so leise, daß dadurch keine Spur entsteht und bloß die Härchen sich unter der Berührung der Nägel sträuben, die selbst einen Ton von sich geben, so heißt dies das „klingende Mal".

Es wird bei Jungfrauen angewendet, wenn der Mann sie massiert, ihr den Kopf krault oder sie ängstlich machen und erschrecken will.

Eine krumme Nagelspur auf Hals und Brüsten heißt Halbmond. Zwei solche bilden einander zugekehrt den Kreis. Er wird angewendet um den Nabel herum, in den Hüfteinschnitten und Weichen.

„Linie" erklärt sich selbst. Sie darf nicht zu lang sein. Reicht die Linie gekrümmt bis an die Brustwarze, dann heißt sie „Tigerkralle".

Zieht man mit den fünf Nägeln um die Brust herum eine krumme Linie, so ist dies der „Pfauenfuß". Man führt den selben aus, um sich damit zu brüsten, denn er erfordert viel Geschicklichkeit, um gut zu gelingen.

Fünf eng zusammengesetzte Nagelspuren in der Umgebung der Brustwarze bilden den „Hasensprung".

Ein Nägelmal auf Brust oder Hüfte in Gestalt eines Lotosblattes, daß ist das „blaue Lotosblatt".

Macht man vor einer Abreise auf Schenkel oder Hüfte ein Mal mit den Nägeln, so nennt man es „Erinnerungszeichen". Es besteht meist aus drei bis vier zusammenhängenden Linien.

Soviel über Nägelmale. Man kann außer den oben ausgeführten noch andere Male von verschiedenen Formen ausführen. So weit verbreitet nämlich bei den Männern die Geschicklichkeit in diesen Praktiken ist, so mannigfaltig sind die Gestalten der Zeichen. Dies ist die übereinstimmende Ansicht aller Schriftsteller. Zahllos wie die Arten der Liebe sind auch die Abarten der Nägelmale. Kein Mensch vermag daher auch nur annähernd zu sagen, wie viele es geben mag. Auch in der Liebe ist die Mannigfaltigkeit notwendig, lehrt Vatsyayana; durch die Mannigfaltigkeit wird Liebe erzeugt. Darum erscheinen ja die Hetären so begehrenswert, weil sie in allen Künsten der Abwechslung wohl erfahren sind. Abwechslung sucht man bei allen Künsten und Vergnügungen, Bogenschießen usw., um wieviel mehr erst in der Liebe!

Nägelmale und Bißwunden IV

Der Frau eines anderen bringe man keine Kratzwunden bei. Wohl aber mag man ihr an intimen Stellen besondere Male aufdrücken, zur Erinnerung wie zur Steigerung der Leidenschaft.
Nun folgt ein Vers:

Entdeckt eine Frau an versteckten Stellen ihres Leibes Nägelmale – mögen sie auch schon halb verwischt sein – dann glüht ihre Liebe von neuem auf. Gemahnt kein Nägelmal die Frau, daß sie einst Liebe hegte, dann erlischt mählich die Leidenschaft genauso, wie wenn eine lange Zeit ohne geschlechtliche Vereinigung verstreicht.

Sieht ein Fremder von Fern eine junge Frau, deren Brüste Nagelspuren weisen, erfaßt ihn Liebe und Achtung zu ihr 1). Auch der Mann, der an bestimmten Stellen seines Leibes Nägelmale trägt, bringt durch solche Liebeszeichen die Festigkeit der Weiber ins Wanken. Kurz, nichts ist geeigneter, die Leidenschaft zu steigern, als das Mal der Nägel.

1) Das würde darauf schließen lassen, daß die Frauen in alter Zeit die Brust entblößt trugen. Tatsächlich erscheinen auf den Höhlenmalereien von Ajunta und anderswo die königlichen Prinzessinnen und Damen des Hofes mit unverhülltem Busen.

Der Biß – Wie man mit den Frauen verschiedener Länder verfahre V

Mit Ausnahme von Oberlippe, Mundinnerem und Augen dürfen alle Stellen, welche man küßt, auch mit den Zähnen gebissen werden.

An gute Zähne stellt man folgende Anforderungen: sie müssen gleichmäßig, schimmernd, von der richtigen Größe, lückenlos, spitzig sein und müssen sich färben lassen.

Schartig, wackelnd, rauh, weich, breit, schlecht gewachsen: das dürfen die Zähne nicht sein.

Die unterschiedlichen Arten der Bisse:

- der versteckte Biß,
- der aufgeschwollene Biß,
- der Punkt,
- die Punktreihe,
- Koralle und Edelstein,
- die Edelsteinkette,
- die zerrissene Wolke,
- der Eberbiß.

Den „versteckten" Biß erkennt man lediglich an der übermäßigen Rötung der Haut.

Durch Drücken der Haut wird er zum „aufgeschwollenen".

Wird eine Hautstelle mit nur zwei Zähnen gebissen, dann entsteht der „Punkt".

Die „Punktreihe" entsteht durch Beißen kleiner Hautstellen mit allen Zähnen.

Durch Beißen mit den Zähnen unter Zuhilfenahme der Lippen entsteht „Koralle und Edelstein". Die Lippe ist die Koralle, die Zähne der Edelstein.

Beißt man aber mit allen Zähnen, dann gibt dies die „Edelsteinkette".

Die „zerrissene Wolke" ist ein Bißmal in unregelmäßiger Kreisform. Man bringt es auf den Brüsten an.

Lange, zahlreiche, eng aneinanderliegende Streifen von Zahnspuren mit dunkelroten Zwischenräumen bilden den „Eberbiß". Er gehört auf Brüste und Schultern. Die beiden letzteren Arten sind für besonders feurige Liebende.

Versteckter, aufgeschwollener Biß und Punkt gehören auf die Unterlippe, auf die Wange der aufgeschwollene Biß sowie „Koralle und Edelstein". Kuß, Nägelmal und Biß sind die Zierde der linken Wange. Ist von der Wange die Rede, dann ist darunter stets die linke zu verstehen.

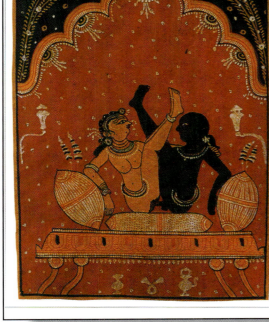

Der Biß – Wie man mit den Frauen verschiedener Länder verfahre V

Die „Punktreihe" und „Edelsteinkette" gehören nur auf den Busen, Achsel und Weichen. Auf Stirn und Schenkel kommt allein die „Punktreihe". Kratzen mit den Nägeln oder Beißen nachstehender Gegenstände, wenn sie der geliebten Frau gehören: Stirnschmuck, Blumenstrauß, Betel- oder Tamala-Blatt, sind Zeichen werbenden Verlangens. Soviel über Bißwunden.

Frauen umwerbe man stets nach der Sitte ihres Landes, um ihnen angenehm zu sein.

Die Weiber des Mittellandes (zwischen Ganges und Yamuna) sind von edlem Charakter. Unlautere Praktiken widerstehen ihnen. Sie verabscheuen Nägel- und Zahnmale.

Die Bewohnerinnen des Landes Balh lassen sich von jenem gewinnen, der sie schlägt.

Die Frauen von Avanti lieben niedere Genüsse und sind von üblen Sitten.

Die Frauen von Maharashtra wenden gern die vierundsechzig Künste an. Sie sagen leise unflätige Worte vor sich hin und wollen, daß man mit ihnen ebenso rede. Sie vergehen im Genuß.

Die Weiber von Pataliputra (Patna) sind ebenso, doch äußern sie ihre Wünsche nur im Geheimen.

Die Dravida-Frauen werden nur ganz langsam feucht. Der Genuß tritt bei ihnen erst nach langer Zeit ein.

Die Frauen von Vanavasa sind von mäßigem Temperament. Sie sind für jegliches Vergnügen eingenommen, verhüllen ihren Leib und weisen jene zurecht, die grobe, unanständige Reden führen.

Die Weiber von Avantika hassen Kuß, Nägel- und Bißmale. Dafür haben sie einen Hang zu absonderlichen Liebesgenüssen.

Die Frauen von Malava lieben Kuß und Umarmung ohne Verletzung. Sie sind durch Schläge zu gewinnen.

Die Frauen von Abhira und die aus dem Zwischenstromland (Pandschab) sind für das Auparishtakam oder den Mundkoitus entbrannt.

Die Frauen von Aparatika sind voll von leidenschaftlichem Feuer. Sie stoßen langsam einen Laut, „Sit", aus.

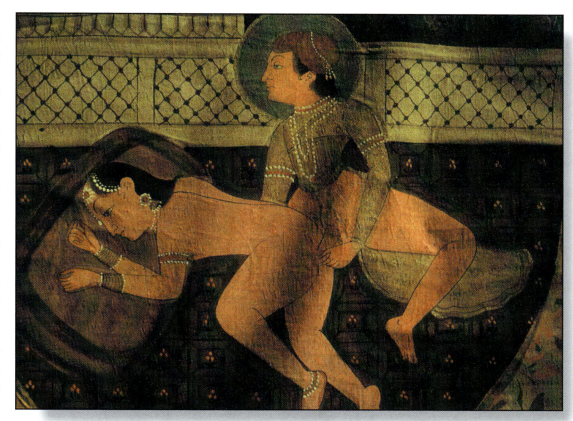

Der Biß – Wie man mit den Frauen verschiedener Länder verfahre V

Die Frauen von Lata sind von noch ungestümerem Beginnen. Auch sie lassen den Laut „Sit" hören.

Die Frauen von Strirajya und Koshala sind stürmischen Begehrens voll. In Strömen ergießt sich ihre Wollust, und sie wenden künstliche Mittel an, um den Orgasmus zu erleichtern.

Die Weiber von Andhra sind von zartem Körperbau, sie unterhalten sich gerne und lieben die Wollust.

Die Frauen von Gauda sind empfindsam und führen sanfte Reden.

Nach der Ansicht des Suvarnanabha muß man vor allem auf die Besonderheiten des Einzelnen Rücksicht nehmen, dann erst auf die allgemeinen Landesgebräuche. Immer muß die Eigenheit des Falles bedacht werden. Im Laufe der Zeit übernimmt ein Land von dem anderen Gebräuche, Kleidung und Belustigungen: das muß man wissen.

Von den oben genannten Dingen: Umarmung, Kuß usw. gebrauche man zuerst jene, welche die Leidenschaft steigern, dann erst solche, die bloß dem Vergnügen oder der Abwechslung dienen.

Nun folgen einige Verse im Wortlaut:
„Beißt ein Mann heftig ein Weib, dann vergelte sie es ihm doppelt: für einen „Punkt" eine ganze Reihe, für eine „Punktreihe" eine „zerrissene Wolke". Ist sie aber sonderlich entflammt, dann fange sie einen Liebesstreit an. An den Haaren ziehe sie seinen Kopf zu sich herab, sauge sich an seinem Mund fest, dann beginne sie ihn liebestoll zu beißen. Zeigt ihr der Geliebte bei Tag, selbst vor Leuten, eines der Male, welches sie ihm beigebracht, dann lächle sie bei dem Anblick. Hierauf wende sie wie schmollend das Gesicht und zeige ihm, als wäre sie erzürnt, seine eigenen Bisse auf ihrem Leib. Trachten also Mann und Frau, dem anderen zu Willen zu sein, dann brennt ihre Liebe auch in hundert Jahren nicht herab.

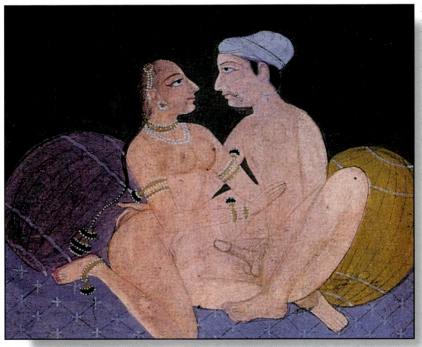

Die unterschiedlichen Arten des Beischlafs VI

Bei der „hohen Vereinigung" legt sich ein Mrgi (Gazelle) derart, daß ihr Yoni sich erweitere. Bei einem „niederen Beischlaf" dagegen wird eine Hastini (Elefantenkuh) das ihre verengen. Bei der „gleichen Begattung" aber nimmt das Weib die gewöhnliche Stellung ein. Was hier von der Mrgi und Hastini gesagt wird, gilt analog für eine Vadava (Stute). Beim niederen Beischlaf wird die Frau gern zu künstlichen Mitteln greifen, um ihre Begierde rasch zu befriedigen.

Die Gazelle hat also drei Stellungen, nämlich:

- die „weit geöffnete",
- die „gähnende",
- die Lage von Indras Gattin.

Durch Senken des Kopfes und Heben des Jaghana wird die „weit geöffnete" Stellung erzielt.

Aufstellen und Auseinanderspreizen der Schenkel bewirkt die „gähnende" Lage.

Zieht die Frau Schenkel und Beine gegen die Hüften, um dem Mann den Eintritt zu erleichtern, so nennt man dies die Stellung von Indras Gattin.

Die unterschiedlichen Arten des Beischlafs VI

Nur die Übung kann dieselbe lehren. Ihre Anwendung findet sie insbesondere im Falle eines „höheren Beischlafs".

Die „geschlossene Stellung" wird bei niederem und niedrigerem Koitus, zugleich mit der „Schenkelklammer", der „gebundenen" und der „Stutenlage" angewendet.

Liegen beide mit gestreckten Beinen aufeinander, dann gibt dies die „geschlossene Stellung". Sie ist von zweierlei Art, je nachdem, ob sie in Seiten- oder in Rückenlage stattfindet. In Seitenlage hat der Mann sich unbedingt auf die linke Flanke zu legen, das Weib aber auf die rechte. Dies ist in allen Fällen zu beobachten.

Preßt die Frau, nachdem der Beischlaf in dieser Stellung begonnen hat, den Mann zwischen ihre Schenkel, so wird dies die „Schenkelklammer" genannt. Legt die Frau einen ihrer Schenkel quer über den des Geliebten, dann nennt man diese Stellung „gebunden". Hält die Frau den Lingam des Mannes gewaltsam im Yoni fest, dann heißt dies „Stutenstellung". Die Praxis allein kann sie lehren. Sie ist besonderes bei den Frauen von Andhra im Schwange.

Dies sind nach Babhraya die unterschiedlichen Arten des Beischlafes. Suvarnanabha führt daneben noch an: Die „aufgestellte Lage": die Frau stellt beide Schenkel senkrecht auf. Die Frau legt beide Beine auf die Schultern des Geliebten: die „weit geöffnete Lage". Die „gedrängte Lage": der Liebhaber hält Schenkel und Beine des Weibes aufeinandergelegt vor der Brust.

Ist dabei ein Bein ausgestreckt, dann ergibt sich die „halbgezwängte Lage". Legt das Weib ein Bein auf die Schulter des Mannes, während sie das andere ausstreckt und fährt sie damit wechselweise fort, so entsteht die „Bambusspalte".

Legt die Frau ein Bein über den Kopf, während sie das andere ausstreckt, so heißt dies „Nageleinschlagen". Man erlernt es nur durch Übung.

Zieht das Weib beide Beine gegen die Mitte des Leibes, dann nimmt sie die „Krabbenstellung" ein.

Kreuzt sie die Beine, dann ist dies die „Lotosblatt-Stellung".

Die unterschiedlichen Arten des Beischlafs VI

Dreht sich der Mann während des Beischlafs um den Lingam als Achse im Kreis herum, ohne im Genusse innezuhalten und hält dabei das Weib seine Hüften umschlungen, so nennt man dies die „Mühle". Man erlent sie nur durch Übung.

Suvarnanabha ist der Ansicht, daß diese verschiedenen Stellungen liegend, stehend und sitzend nur im Wasser auszuführen sind, weil sie dort leichter gelingen. Vatsyayana verdammt diese Lehre, denn das Gesetz verbietet den Beischlaf im Wasser.

Stützen Mann und Weib sich gegenseitig im Stehen, oder gegen einen Pfeiler oder eine Mauer, und lieben sie einander in dieser Lage, so nennt man dies „Stützenbegattung".

Der „Hängekoitus" findet in folgender Stellung statt: Der Mann lehnt an einer Mauer und macht der Frau aus seinen gefalteten Händen einen Sitz. Sie hält seinen Nacken umfaßt, stemmt die Schenkel an seine Hüften und bewegt sich durch Stoßen mit den Füßen gegen die Mauer, an welche sich der Geliebte lehnt.

Hält sich das Weib auf allen Vieren im Liegestütz, während der Mann sie besteigt wie ein Stier, dann heißt dies die „Kuh". Bei dieser Gelegenheit erhält der Rücken des Weibes alle Liebkosungen, die sonst dem Busen gebühren.

In gleicher Art vollzieht man den Beischlaf nach Art des Hundes, des Ziegenbocks, des Hirsches, des wilden Esels, des Katers; den Sprung des Tigers, die Begattung des Elefanten, die Brunst des Keilers, den Sprung des Hengstes. In allen diesen Fällen hat man diese Tiere nachzuahmen.

Genießt ein Mann gleichzeitig zwei Frauen, die ihn ebenfalls lieben, so ist dies die „Doppelbegattung".

Genießt er gleichzeitig mehrere Weiber, dann heißt dies die „Kuhherde".

Die folgenden Arten des Beischlafs, als die „Wasserspiele" eines Elefanten mit mehreren Elefantenkühen, welche nur im Wasser stattfinden sollen, ferner die

Die unterschiedlichen Arten des Beischlafs VI

„Ziegen-" und die „Gazellenherde", sollen den Gewohnheiten der betreffenden Tiergattungen abgeguckt werden.

In Gramanari genießen mehrere junge Leute dieselbe Frau, sei es nacheinander oder auch gleichzeitig. Z.B. einer hält, der zweite genießt sie, der dritte küßt ihren Mund, der vierte liebkost ihren Bauch. So erfreut sie alle.

Gleiches hat statt, wenn mehrere Männer sich in Gesellschaft einer Hetäre befinden. Auch die Frauen des königlichen Harems dürfen es so halten, wenn sie der Zufall mit einem Manne zusammenführt.

Die Südländer kennen auch eine „mindere Begattungsart", den Analkoitus. Soviel über die Arten des Beischlafs. Hier folgen zwei Verse:

„Ein sinnreicher Mann wird in der Vereinigung stets nach Abwechslung streben, wird alle Tiere und Vögel nachahmen. Die verschiedenen Begattungen nach Landessitte und Phantasie entfachen Liebe, Freundschaft, Achtung im Herzen der Weiber."

Von dem Gehabe des Mannes während der Begattung soll in dem Kapitel über den umgekehrten Koitus die Rede sein.

Über die Anwendung von Schlägen – Die passenden Liebeslaute VII

Man kann füglich den Liebesgenuß mit einem Streit vergleichen, wegen der Widerwärtigkeiten, welche oft neben der Liebe einhergehen und des häufigen Zankes. Darum ist das Schlagen untrennbar mit ihr verbunden. Vorzüglich eignen sich nachstehende Stellen hierzu: Schultern, Kopf, der Raum zwischen den Brüsten, Rücken, Jaghana oder Unterleib, Flanken.

Man schlägt auf viererlei Art:
- Mit dem Handrücken,
- mit der ausgestreckten hohlen Hand,
- mit der Faust,
- mit der flachen Hand.

Die aus den Schlägen erwachsenden Schmerzen äußern sich in pfeifenden Wehlauten, deren man acht Abarten unterscheidet:

Über die Anwendung von Schlägen – Die passenden Liebeslaute VII

- Den Laut „Him",
- das Donnern,
- das Girren,
- das Weinen,
- den Laut „Phut",
- den Laut „Phat",
- den Laut „Sut".

Außerdem gibt es noch bestimmte Ausrufe, Worte wie „Mutter!", dann jene, welche „genug!", „nein!", Schmerz oder Lob bedeuten, dann den Schrei der Turteltaube, des Kuckucks, des Papageis, des Sperlings, des Flamingos, der Ente, den Ruf der Wachtel, das Summen der Biene. All diese Laute sind bei derartigen Anlässen zu verwenden. Wenn die Frau auf dem Schoße des Mannes sitzt, dann kann er sie mit der Faust auf den Rücken schlagen. Sie muß ihm die Schläge heimzahlen, ihn beschimpfen, als zürne sie ihm und dabei weinen und girren. Während des Beischlafs schlage man mit dem Handrücken zwischen die Brüste, zuerst langsam, dann aber immer schneller, wie eben die Leidenschaft wächst.

Im Augenblick der Wollust stoße man den Laut „Him", auch abwechselnd mit den anderen aus. Schlägt der Mann die Geliebte mit der ausgestreckten hohlen Hand auf den Kopf und läßt dabei den Laut „Phat" hören, so nennt man dies Prasrtaka. Hierbei sind das Girren, die Laute „Phat" und „Phut" am Platze, gegen das Ende der Begattung aber „Seufzen" und „Weinen". „Phat" ahmt das Bersten von Bambusrohr nach, „Phut" das Aufklatschen eines ins Wasser fallenden Gegenstandes. Jeden Kuß, jede Liebkosung erwidere das Weib mit einem pfeifenden Ton. Während des Aktes mag die Frau, wenn sie Schläge nicht gewohnt ist, Worte ausstoßen, die „genug!" oder „nicht mehr!" bedeuten, oder „Vater!", „Mutter!" rufen, untermengt mit erstickten Seufzern, Weinen und „Donnern". Gegen das Ende des Liebesgenusses presse der Mann mit der inneren Handfläche stark die Brüste, das Jaghana und die Hüften der Geliebten. Dies bis zum Ende. Die Frau hat dann nach der Art des Reihers oder der Gans zu schreien.

Es folgen zwei Verse:

„Rauheit und Ungestüm nennt man die zierenden Kennzeichen des Mannes, Schwäche, Zärtlichkeit, Empfindsamkeit, Scheu vor häßlichen Dingen jene der Frau. Das Feuer der Leidenschaft und gewisse Gewohnheiten

Über die Anwendung von Schlägen – Die passenden Liebeslaute VII

mögen uns manchmal das Gegenteil vortäuschen: immer behält die Natur die Oberhand."

Zu den vorhin festgesetzten Vierzahl der Schläge treten noch das Ansetzen eines Keils an die Brust, einer Schere an den Kopf und einer Zange an die Brüste und Hüften, was insgesamt acht Arten ergibt. Die Verwendung der Werkzeuge aber ist eine südländische Gepflogenheit, deren Spuren man an den Brüsten der Frauen sieht. Wohl handelt es sich hierbei um einen örtlichen Gebrauch, doch ist Vatsyayana der Meinung, daß diese Praktiken als schmerzhaft, barbarisch und entstellend unbedingt zu verwerfen sind.

Überhaupt gilt als allgemeine Richtschnur, daß besondere Landessitten nicht ohne reifliche Erwägung anderswo angewendet werden dürfen. Selbst in dem Ursprungslande möge Mißbrauch gefahrbringender Gebräuche vermieden werden. Als Beispiel möge folgendes dienen:

Bei der Liebesvereinigung tötete der König der Pancalas die Hetäre Citrasena mit dem Keil. Vermittels einer Schere tötete der Kuntala Satakarni Satavahana seine große Königin Malayavati. Naradeva mit der lahmen Hand endlich brachte durch einen unglücklich geführten Nadelstich eine junge Tänzerin um ein Auge.

Ein Vers hierüber:

„In diesem Belange kann es keine bestimmten Vorschriften geben. Ist die Begattung einmal begonnen, dann ist die Leidenschaft allein die treibende Kraft."

Aus dem Feuer der Leidenschaft geboren, spotten diese Liebesbezeugungen jeglicher näheren Beschreibung. Sie sind flüchtig wie Träume. In der fünften Gangart verfolgt ein Pferd seinen Weg in blinder Eile, es achtet der Löcher, Gräben, Schranken nicht, die seinen Pfad sperren könnten; so sind auch zwei Liebende unter der Peitsche der Lust, sie stürmen vor sich hin, verachten die Gefahr, kennen kein Übermaß. Kennt ein Mensch das Lehrbuch der Liebe und die eigene Kraft, wie die Zärtlichkeit, das Feuer und die Kräfte seiner Geliebten, dann wird er demgemäß handeln. Nicht überall und für alle Weiber gelten die gleichen Genüsse. Bevor man ans Werk geht, erforsche man Ort, Land und Zeit.

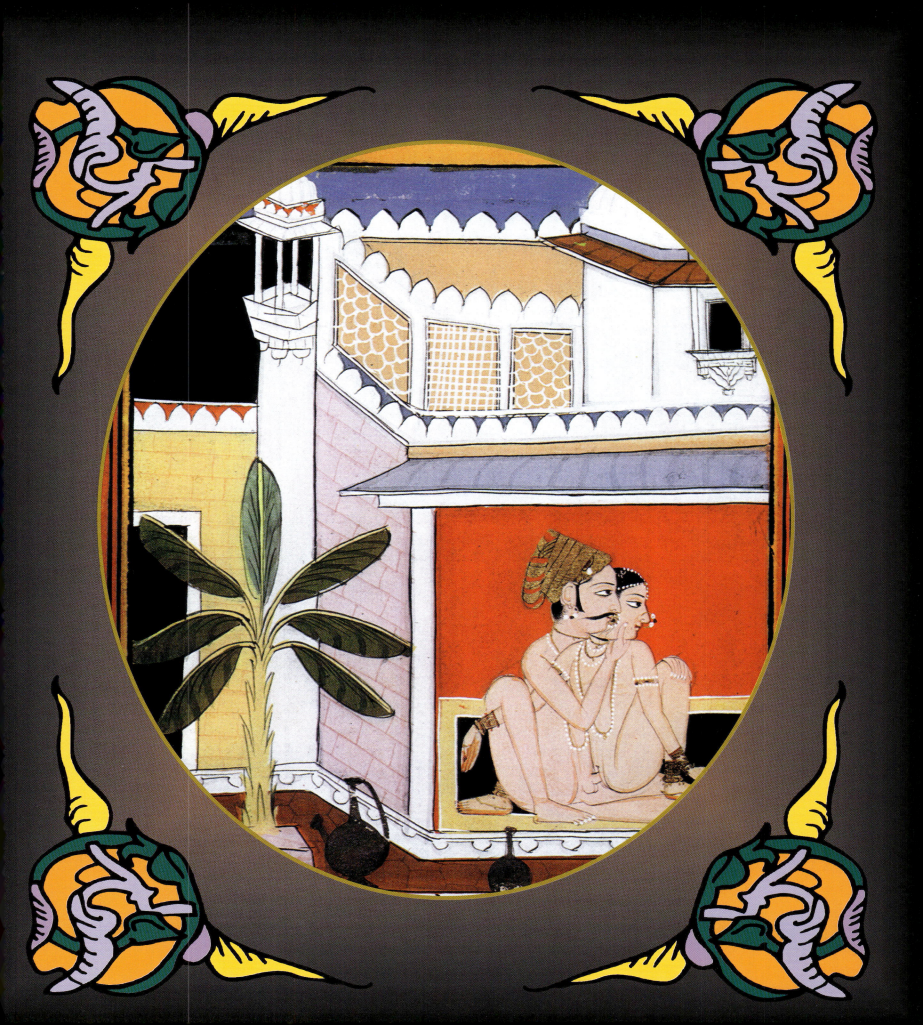

Frauen, welche die Rolle des Mannes spielen (der Coitus inversus) VIII

Sieht eine Frau ihren Geliebten von langem Beischlaf ermattet, bevor er noch Wollust gefunden, dann soll sie ihm zu Hilfe kommen, indem sie seine Rolle übernimmt. Solches mag sie auch tun, um seine oder ihre eigene Neugierde zu befriedigen.

Dies kann auf zweierlei Art bewerkstelligt werden. Entweder besteigt das Weib während der Begattung den Geliebten, der sich auf den Rücken legt, ohne die lustvolle Vereinigung dadurch zu unterbrechen, oder der Beischlaf wird gleich in dieser Stellung begonnen. Blumen im gelösten Haar, lächelnd und keuchend zugleich beuge sie sich dann über ihn, berühre seine Brust mit ihren Brüsten. Was er früher ihr getan, zahle sie ihm nun heim, Bisse, Küsse, Zurufe. „Du hast mich umgeworfen, hast mich schwach gemacht – jetzt ist an mir die Reihe!" Dann heuchele sie wieder Ermüdung und Scham. So vollbringe sie Manneswerk, wie wir es jetzt beschreiben wollen.

Alles, was der Mann tut, um der Geliebten Vergnügen zu machen, heißt „Manneswerk". Also:

Wenn sie auf dem Lager ruht, mit ihm in Gespräch vertieft, wird er ihr leise den Gürtel lösen. Macht sie ihm Vorwürfe, dann bringe er sie durch Küsse zum Verstummen. Sanft streiche er ihren Leib mit seinen Händen, berühre auch wohl einzelne Stellen mit dem aufgerichteten Lingam. Ist das Weib

Frauen, welche die Rolle des Mannes spielen (der Coitus inversus) VIII

sehr schamhaft und besitzt er es zum ersten Mal, dann muß er die Hand zwischen ihre Schenkel zu zwängen trachten, die sie aneinander zu pressen bestrebt sein wird. Ist sie ein ganz junges Mädchen, dann suche er sich ihrer Brüste zu bemächtigen, welche sie mit den Händen bedecken wird. Dann lege er ihr den Arm um Schultern und Nacken. Ist sie dagegen lusterfahren, dann verfahre er mit ihr nach Gelegenheit und Verlangen. Er fasse sie bei den Haaren, halte ihr Kinn fest, um sie zu küssen. Dabei wird eine Jungfrau schamhaft die Augen schließen. In jedem Falle wird ihm das Verhalten der Geliebten den richtigen Weg weisen, um ihr angenehm zu sein.

Hierzu bemerkt Suvarnanabha, daß der Mann während der Begattung stets jene Körperteile der Frau eifrigst zu liebkosen hat, auf welche sie gerade den Blick richtet.

Den Eintritt des Orgasmus und der Wollust erkennt man beim Weibe an nachstehenden Merkmalen: der Körper erschlafft gleichsam, sie schließt die Lider, läßt jegliche Scham außer Acht und zeigt den lebhaftesten Wunsch nach engster Vereinigung der Geschlechtsteile. Findet sie aber keine Wonne, so zeigt sich dies aus folgendem: sie zuckt mit den Händen, läßt den Mann sich nicht aufrichten, scheint niedergeschlagen, beißt und schlägt den Geliebten und bleibt erregt, wenn der Mann auch schon geendet hat. In diesem Falle muß ihr der Mann das Yoni mit dem Finger reiben, wie der Elefant mit seinem Rüssel, bis sich der Reiz gegeben hat, bevor er zu neuerlichen Beischlaf ansetzt. Erst dann soll er wieder den Lingam einführen:

Dies sind die „Manneswerke":
- Buttern.
- Durchbohren.
- Reiben.
- Drücken.
- Der Eberstoß.
- Der Stierstoß.
- Die Spatzenjagd.

Sind die Geschlechtsteile gehörig vereinigt, so nennt man dies „Vorwärts stoßen".
Hält man den Lingam mit der Hand fest und dreht ihn so im Yoni hin und her, dann heißt dies „Buttern".

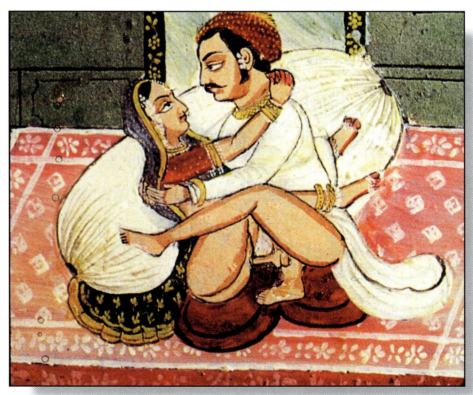

Frauen, welche die Rolle des Mannes spielen (der Coitus inversus) VIII

Hält man das Yoni gesenkt, so daß der Lingam nur den oberen Teil trifft, spricht man von „Durchbohren".
Dasselbe am unteren Teil ausgeführt, ergibt das „Reiben".
„Drücken" entsteht durch langes Bearbeiten des Yoni mit dem Lingam.
Stößt der Lingam aus gewisser Entfernung heftig auf das Yoni zu, so spricht man von „Eindringen".
Reibt man nur eine Seite des Yoni, dann nennt man dies „Eberstoß".
Wenn beide, dann „Stierstoß".
Wird der Lingam im Yoni rasch hin- und hergestoßen, ohne herausgezogen zu werden, so nennt man dies „Spatzenjagd". Sie bezeichnet den Eintritt der Lust, das Ende der Begattung.
Spielt die Frau Mannesrolle, dann kommen zu den obigen neuen Begattungsarten noch weitere drei:

Die „Zange", der „Kreisel", die „Schaukel".

Hält das Weib den Lingam bis zur Wurzel im Yoni fest und sucht ihn förmlich auszupressen, so nennt man dies die „Zange".
Dreht sie sich während der Begattung wie ein Rad im Kreise, so ist dies der „Kreisel". Nur die Übung kann ihn lehren.
Hebt hierbei der Mann seinen Rumpf brückenartig in die Höhe, dann entsteht die „Schaukel".

Ist die Frau ermüdet, dann legt sie die Stirn auf die des Geliebten, ohne die körperliche Vereinigung zu unterbrechen. Hat sie sich ausgeruht, dann wendet sich der Mann wieder um und setzt den Beischlaf fort.

Es folgen einige Verse hierüber:

„So zurückhaltend eine Frau auch sein mag, so wohl verborgen sie ihre Gefühle hält, besteigt sie den Geliebten, dann verrät sie ihre Liebe und die Stärke ihrer Leidenschaft. Ihr Verhalten zeige dem Mann ihre Absichten und die Art, auf welche sie genossen sein will. Hat das Weib die monatliche Regel, ist es schwanger oder hat es erst kürzlich entbunden, dann darf es nicht Manneswerk vollbringen."

Das Auparishtakam (Mundkoitus) IX

Es gibt zwei Arten von Eunuchen, männliche und weibliche. Solche des weiblichen Habitus ahmen die Frauen in allem nach, in Kleidung, Sprechweise, Bewegung, lieblichem Gehabe, Zurückhaltung und Scheu, Sanftmut und Bescheidenheit. Die Handlungen, deren Schauplatz das Jaghana der Frau zu sein pflegt, vollziehen sich in dem Munde dieser Angehörigen des dritten Geschlechts. Man nennt dies Auparishtakam. Die Eunuchen finden an dem Mundkoitus ein eingebildetes Vergnügen wie ihren Lebensunterhalt. Sie führen das Leben von Hetären, besonders jene des weiblichen Habitus. Die Eunuchen männlichen Typus halten ihre Praktiken geheim. Wenn sie einen Beruf ausüben, dann ist es gewöhnlich der eines Masseurs. Solch ein Eunuch umfaßt unter dem Vorwand der Massage die Schenkel des zu Behandelnden, dann berührt er dessen Weichen und den Jaghana oder die Lenden. Gerät dabei der Lingam in Erektion, dann reibt er ihn mit den

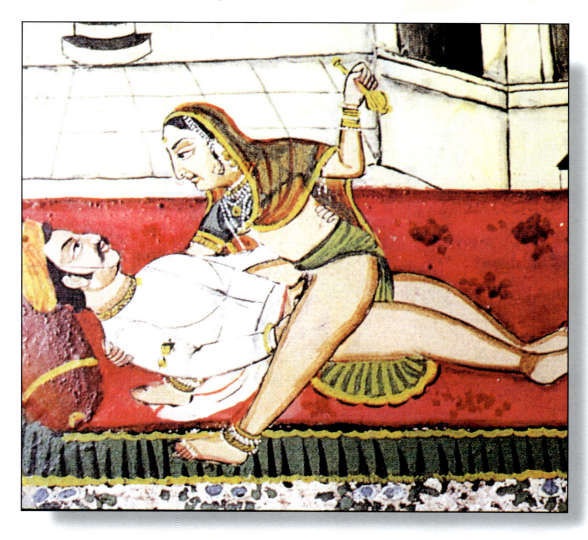

Das Auparishtakam (Mundkoitus) IX

Händen, um ihn in dieser Lage zu erhalten. Wenn daraufhin der Mann in Kenntnis der Absicht des Eunuchen diesem nicht fortzufahren befiehlt, dann tut es der Eunuch aus eigenem. Verlangt er es aber, dann weigert sich der Eunuch, ihm zu willfahren und läßt sich erst nach vielem Zureden ungern dazu bereit finden.

Hierbei werden folgende acht Praktiken nacheinander durch den Eunuchen geübt:
- die Liebkosung,
- Seitenbiß,
- äußerer Druck,
- innerer Druck,
- Kuß,
- Polieren,
- Mangustensaugen,
- Verschlucken.

Nach jeder einzelnen Handlung äußert der Eunuch den Wunsch, es dabei bewenden zu lassen, der Gast aber verlangt nach der ersten die zweite, dann die nächste und so weiter.

Hält der Eunuch den Lingam des Mannes in der Hand und streift ihn so mit den Lippen, dann ist es die „Liebkosung".

Bedeckt er die Eichel mit seinen knospenartig geschlossenen Fingern und bearbeitet unterdessen den Penis mit Lippen und Zähnen, so nennt man dies „Seitenbiß".

Wenn der Eunuch, auf die Bitte fortzufahren, die Spitze des Lingams mit geschlossenen Lippen preßt und sie küßt, als wolle er den Penis an sich ziehen, dann vollbringt er den „äußeren Druck".

Wenn er auf die neuerliche Einladung, fortzufahren, den Lingam ein wenig in seinen Mund einführt und ihn mit den Lippen preßt, so nennt man dies den „inneren Druck".

Beim „Kuß" hält der Eunuch den Lingam in der Hand.

Das Auparishtakam (Mundkoitus) IX

Wenn er ihn nach dem Kuß überall und insbesondere an der Eichel beleckt, so nennt man dies „Polieren".

Führt er dabei den Lingam zur Hälfte in seinen Mund ein und saugt heftig daran, so heißt dies „Mangustensaugen".

Nimmt der Eunuch endlich mit Zustimmung des Mannes den Lingam bis zur Wurzel in seinen Mund und saugt daran, bis der Samenerguß erfolgt, so nennt man diesen Vorgang „Verschlucken".

Bei all diesen Handlungen kann man auch Schläge, Nägelmale usw. in Anwendung bringen.

Das Auparishtakam wird gleichfalls von liederlichen, geilen Weibern und unvermählten Dienerinnen vollzogen, die den Beruf einer Masseurin ausüben.

Die alten Schriftsteller sind der Ansicht, das Auparishtakam sei die Sache eines Hundes, nicht die des Menschen. Das Dharma-Shastra (Heilige Schrift) verbietet diese verächtlichen Praktiken. Übrigens leidet der Mann darunter. Vatsyayana ist jedoch der Meinung, daß dieses Verbot der Heiligen Schrift sich nicht auf jene bezieht, welche mit Hetären verkehren und daß nur das Auparishtakam mit verheirateten Frauen verboten ist. Der Schaden, den der Mann dadurch an seiner

Das Auparishtakam (Mundkoitus) IX

Gesundheit erleidet, läßt sich übrigens leicht beheben.

Die Männer aus dem Osten verkehren nicht mit Weibern, welche das Auparishtakam vollziehen. Die Leute von Ahicchattri suchen solche Frauen wohl auf, vermeiden es aber, ihren Mund zu berühren.

Die Männer von Saketa pflegen mit ihnen jegliche Abart des Mundkoitus, die von Nagara (Pataliputra) enthalten sich dessen, üben aber alle anderen Arten des Beischlafs aus.

Die Männer von Saurasena (südlich vom Kaushambis) üben jegliche Art der Begattung, denn – sagen sie – die Frauen sind von Natur aus unrein, und niemand kann ihres Charakters, ihrer Treue, ihres Verhaltens, ihrer Praktiken, Reden und Vertrauenswürdigkeit sicher sein. Dies sei übrigens kein Grund, sie zu meiden. Das Glaubensgebot, welches sie für rein erklärt, sagt nämlich auch, daß der Harn einer Kuh in dem Augenblick, wo er gemolken wird, rein ist, während ihr Maul und das ihres Kalbes für unrein angesehen werden. Desgleichen ist der Hund als rein zu betrachten, der auf der Jagd eine Hirschkuh faßt, während sonst die von einem Hunde berührte Nahrung für unrein gilt. Auch ein Vogel ist rein, welcher eine Frucht durch Picken daran vom Baum zu Boden fallen läßt. Von einem Raben oder anderen Vögeln angefressene Gegenstände hingegen sind unrein. Der Mund eines Weibes ist geschaffen, um zu küssen und geküßt zu werden und alle anderen Kundgebungen zur Zeit der Begattung zu empfangen. Vatsyayana ist demgemäß der Ansicht, daß in Liebesdingen jedermann es nach seiner persönlichen Neigung und den Gebräuchen seines Landes halten möge 1).

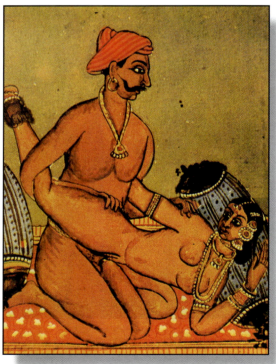

1. Die Begriffe Rein und Unrein spielen im Denken des Inders eine große Rolle, ja sein ganzes Leben ist durch sie beeinflußt. Dies und das Kastenwesen macht den Verkehr des Europäers mit dem Inder überaus schwierig.

Das Auparishtakam (Mundkoitus) IX

Hierüber gibt es einige Verse:

„Die männlichen Diener einiger Stutzer vollziehen mit ihren Herren den Mundkoitus. Es gibt auch Männer, die denselben miteinander betreiben, wenn sie gut befreundet sind. Auch verliebte Haremsweiber liebkosen gegenseitig ihre Yonis mit dem Munde. Manche Männer tun ein Gleiches mit den Frauen. Um dies zu vollbringen, ahmt man den Kuß des Mundes nach. Vollziehen ein Mann und ein Weib gegenseitig in dieser Stellung (Kopf bei Fuß) solche Begattung, so heißt dies „Rabenbeischlaf".

„Gewisse Hetären finden diese Praktiken so ungemein schmackhaft, daß sie um derselben willen vornehme, gebildete und freundliche Liebhaber verlassen und sich Personen niedrigsten Standes hingeben, Sklaven und Elefantentreibern. Das Auparishtakam darf niemals von einem gebildeten Brahmanen, einem Staatsminister oder einem sonst hochgestellten Manne betrieben werden. Wenn es nämlich auch nicht von der Heiligen Schrift verboten ist, so besteht doch kein Grund, es – außer in besonderen Fällen – zu üben.

So z.B. beschreiben auch die medizinischen Lehrbücher Geschmack, Eigenschaften und Wirkungen des Hundefleisches. Darum wird es sich der Weise aber nicht beifallen lassen, davon zu genießen. Dagegen gibt es Gelegenheiten und Zeiten, zu welchen die vorgenannten Praktiken anwendbar erscheinen. Jedermann hat dies nach sich selbst und seinem Verlangen zu beurteilen, ob er sie üben will oder nicht. Diese Dinge geschehen geheim, der Geist des Menschen ist veränderlich: wie sollte man da wissen, wie sich der Mensch in dieser oder jener Lage verhalten wird?"

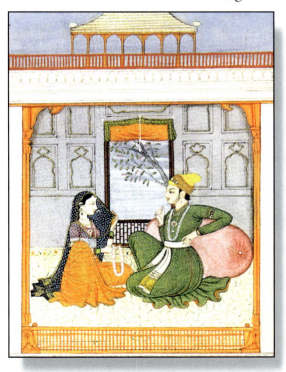

Beginn und Ende des Liebesgenusses – Die Arten der Geschlechtsliebe – Liebeszank X

Umgeben von Dienern und Freunden empfange der Stutzer in dem blumendurchfluteten Gemache die Frau. Sie soll gebadet und geschmückt erscheinen. Mit freundlichen Worten fordere er sie auf, sich mit einem Trunke zu erfrischen. Dann lasse er sie zu seiner Linken Platz nehmen. Er liebkose ihr Haar, den Saum ihres Gewandes, den Gürtel und umfange sie zärtlich mit dem rechten Arm. Hierauf führen beide ein Gespräch über verschiedene Gegenstände. Dabei können sie auch mit halben Andeutungen von Dingen reden, die in Gesellschaft unpassend erscheinen müßten. Ferner mögen sie singen, mit und ohne angepaßte Bewegungen, Instrumente spielen, sich von schönen Künsten unterhalten, einander gegenseitig zum Trinken ermuntern. Weiß das Weib vor Liebe und Verlangen nicht mehr aus noch ein, verhalten sie sich, wie in den vorhergehenden Kapiteln beschrieben. So beginnt der Liebesgenuß. Wenn sie ihre Leidenschaft gestillt haben, begeben die Liebenden sich gleichsam verschämt, ohne einander anzusehen, getrennt nach dem Toilettenzimmer. Dann nehmen sie wieder ihre Plätze ein und genießen etwas Betel. Er salbe sie mit klarem Sandel oder einer anderen duftenden Essenz, umfange sie mit dem linken Arme, reiche ihr Becher oder lasse sie Wasser trinken. Sie können ferner Süßigkeiten, je nach Laune und Geschmack, genießen, frische Fruchtsäfte trinken, Brühen, Grützsuppe, Fleischsäfte, Sorbet, Mangosaft, Zitronensaft mit Zucker zu sich nehmen, wie dies der Sitte des Landes entspricht und ihnen angenehm sein kann. Oder, wenn die Liebenden auf dem Dache weilen, lassen sie sich nieder, um den Mondschein zu bewundern und angenehme Gespräche zu führen. Das Weib bettet das Haupt in den Schoß des Geliebten, betrachtet die Scheibe des Mondes, und der Mann zeigt ihr die verschiedenen Sternbilder: den Morgenstern, den Polarstern und die sieben Rishis oder den Großen Bären 1).

Dies ist das Ende des Liebesgenusses.

Die Arten der Geschlechtsliebe aber sind folgende:
- Liebe aus Leidenschaft,
- erweckte Liebe,
- künstliche Liebe,
- übertragene Liebe,
- Eunuchenliebe,
- enttäuschende Liebe,
- unbegrenzte Liebe.

Finden Mann und Frau, die einander schon längere Zeit lieben, nach mannigfachen Hindernissen endlich zueinander, oder kehrt eines von beiden von einer Reise zurück, oder versöhnen sie sich nach einem Streit mit darauffolgender Trennung, so ist dies „Liebe aus Leidenschaft". Hierbei verhalten sie sich gänzlich nach ihrem Gutdünken.

1) Vergleiche mit Gedichten des Minnesanges: Blumen, Gewürze und gemeinsame Schwärmerei für die Schönheiten der Natur erhöhen den Liebesgenuß, der dadurch aus der Tiefe tierischer Triebhaftigkeit gehoben wird.

Beginn und Ende des Liebesgenusses – Die Arten der Geschlechtsliebe – Liebeszank X

Vereinigen sich zwei Menschen, deren Neigung noch in den Anfängen steckt und erst später aufflammt, so nennt man dies „erweckende Liebe".

Vollzieht ein Mann den Beischlaf, indem er sich selbst durch Anwendung der vierundsechzig Künste erregt, oder haben beide andere Personen im Herzen, so nennt man dies „künstliche Liebe". Hierbei sind alle Mittel und Ratschläge des Kamashastram genauest zu beobachten. Wenn der Mann vom Beginn des Beischlafs bis zur Wollust stets an eine andere denkt, die er liebt und zu besitzen vermeint, so ist dies „übertragene Liebe". Begattet ein Mann eine Wasserträgerin oder Dienerin aus niedriger Kaste nur um einmaliger Befriedigung willen, so heißt dies „Eunuchenliebe". In diesem Falle hat er sich äußerer Berührungen, Liebkosungen und Küssens zu enthalten.

Beginn und Ende des Liebesgenusses –
Die Arten der Geschlechtsliebe – Liebeszank X

Beischlaf einer Hetäre mit einem Bauern, oder eines Stutzers mit Dorfweibern ist „enttäuschende Liebe".

Die „unbegrenzte Liebe" entsteht bei Personen, welche einander gut sind. Dies sind die Arten der Geschlechtsliebe.

Nun folgen Bemerkungen über den Liebesstreit.

Liebt eine Frau leidenschaftlich, dann kann sie den Namen ihrer Nebenbuhlerin nicht aussprechen hören, noch von ihr reden oder dulden, daß sie aus Irrtum mit deren Namen gerufen werde. Geschieht so etwas, dann erhebt sich heftiger Streit. Die Frau weint, wird zornig, rauft sich die Haare, schlägt den Geliebten, läßt sich vom Sitz oder Lager zu Boden gleiten, wirft ihren Schmuck von sich und wälzt sich auf der Erde.

Der Mann suche ihr dann gütlich zuzusprechen, um sie zu beruhigen, hebe sie vom Boden auf und lege sie auf das Bett. Als Antwort zeige sie nur noch wilderen Zorn, reiße den Mann an den Haaren und trete ihn ein-, zwei- und dreimal mit dem Fuße gegen Kopf, Brust oder Rücken. Dann springe sie auf und gehe zur Tür. Dort soll sie – sagt Dattaka – sich niederlassen und Tränen vergießen. Hinausgehen aber soll sie nicht, um sich nicht selbst ins Unrecht zu setzen. Nach einiger Zeit, wenn sie annehmen darf, daß der Geliebte alles vorgebracht und getan hat, was er zu seiner Entschuldigung vermag, soll sie ihn unter bittern Vorwürfen küssen. Dabei zeige sie heftiges Verlangen nach Liebesgenuß.

Fällt der Streit im Hause der Frau vor, dann zeige sie ihm ihren Zorn und verlasse ihn. Sendet ihr dann der Geliebte aber den Vita, Vidushaka oder Pithamarda 2), um sie zu beschwichtigen, dann kehre sie zurück und verbringe die Nacht mit ihm.

So endet der Liebesstreit.
Kurz:
Der Mann, welcher die von Babhravya gelehrten vierundsechzig Künste anwendet, erreicht sein Ziel und kann Frauen aus höchster Kaste genießen. Beherrscht er sie aber nicht, dann fin-

Beginn und Ende des Liebesgenusses – Die Arten der Geschlechtsliebe – Liebeszank X

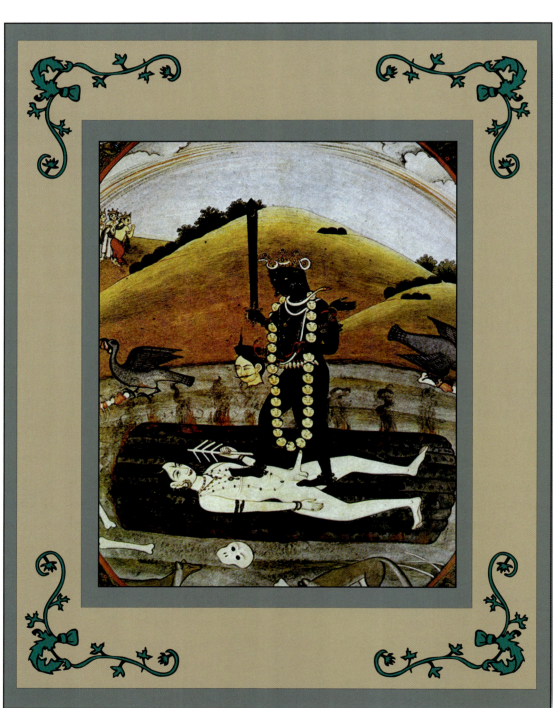

det er wenig Beachtung in der Gesellschaft der Weisen, mag er auch noch so gelehrt von anderen Dingen reden können. Fehlen ihm auch andere Kenntnisse, mit den vierundsechzig Künsten wird ein Mann in jeder Gesellschaft den Vorrang genießen. Wie sollte man sie auch nicht verehren, wenn man bedenkt, daß sich Gelehrte, Weise und Hetären vor ihnen verneigen?

Erwägt man nun das vorstehend Gesagte, den Reiz und die Anmut, welche die vierundsechzig Künste den natürlichen Vorzügen der Frauen leihen, dann wird man begreifen, warum die alten Weisen sie „Lieblinge der Frauen" nennen. Ein in ihnen erfahrener Mann wird von seiner eigenen Frau, den Frauen der anderen und den Hetären geliebt werden.

Dritter Teil
Wie man ein Mädchen gewinnt

Über die Ehe I

Vermählt man sich mit einer ebenbürtigen Jungfrau nach den Vorschriften der heiligen Bücher, dann ist das Ergebnis dieser Verbindung: Erlangung von Dharma und Artha, Nachkommenschaft, Schwägerschaft, Vermehrung der Freundeszahl und ungekünstelte Liebeslust. Darum wähle der Mann ein Mädchen aus gutem Hause, das Vater und Mutter hat und um mindestens drei Jahre jünger ist als er selbst. Ihre Sippe sei achtbar, angesehen, reich, von zahlreichen Verwandten und Freunden umgeben. Das Mädchen sei schön, begabt; Glück verheißende Zeichen sollen dessen Körper zieren; Nägel, Zähne, Ohren, Augen, Brust müssen regelmäßig und vollzählig sein, nicht zu viel und nicht zu wenig. Sie darf nicht krank sein. Natürlich muß auch der Mann all diese Eigenschaften besitzen. Man soll aber kein Mädchen lieben, welches bereits einem anderen angehört hat, denn dies wäre verdammenswert. So lehrt Ghotakamukha.

Um die Bewerbung um solch eine Jungfrau zu glücklichem Ende zu führen, sollen sich Eltern und Angehörige des Mannes die größte Mühe geben, desgleichen die beiderseitigen Freunde, welche um Beihilfe angegangen werden könnten. Sie sollen den Eltern des Mädchens die augenscheinlichen und ererbten Fehler aller übrigen in Betracht kommenden Freier vor Augen führen und zugleich die Vorzüge ihres Schützlings in Bezug auf Abstammung und Familie in den Himmel heben, um ihn den Verwandten der Braut angenehm zu machen, insbesondere aber jenen, welche mit ihrer Mutter auf vertrautem Fuße stehen. Ein Freund des Freiers mag sich auch als Sterndeuter verkleiden und das zukünftige Glück des Liebhabers und sein Wohlergehen verkünden, der alle günstigen Vorzeichen und Glücksmale für sich habe, als Vogelflug 1), vorteilhafte Planetenkonstellation, Eintritt der Sonne in ein günstiges Zeichen des Tierkreises, Glücksmale am Körper. Andere endlich können wieder die Eifersucht der Brautmutter wecken, indem sie andeuten, ihr Freund habe eine günstigere Ehe in Aussicht.

Über die Ehe I

Ist man mit dem Vermögen, den Vorzeichen, den Orakelstimmen un den Worten der anderen 2) zufrieden, dann mag man ein Mädchen ehelichen bzw. es einem Manne zur Frau geben, denn – lehrt Ghotakamukha – der Mann darf sich nicht aufs Geratewohl verehelichen, bloß weil ihn die Lust dazu wandelt. Man soll auch nicht ein Mädchen freien, das weint oder schläft oder das Haus verläßt, wenn man um seine Hand anhält, oder das mit einem anderen verlobt ist. Man meide auch Nachstehende (Kästchen):

Vermeiden soll man ferner ein Mädchen, welches den Namen eines der 27 Sternbilder trägt. Ingleichen soll eine Jungfrau, welche nach einem Baum oder einem Flusse genannt ist, nicht wählbar sein, überdies jene, deren Namen mit „R" oder „L" endet. Einige Schriftsteller lehren, daß man Glück nur dann findet, wenn man jene heiratet, die man liebt, deshalb nehme man das Mädchen zum Weibe, welches Aug und Herz fesselt.

Kommt ein Mädchen in das heiratsfähige Alter, dann sollen die Eltern sie schön gekleidet zur Schau stellen. Jeden Nachmittag begebe sie sich, schmuck angetan, mit ihren Freundinnen zu den öffentlichen Spielen, Opferfesten und Hochzeitsfeierlichkeiten. Stets muß sie vorteilhaft erscheinen, denn sie ist eine Art Ware. Feierlich sollen die Eltern jene Person empfangen, welche ihnen von Freunden oder Verwandten im Hinblick auf eine eheliche Verbindung mit ihrer Tochter vorgestellt werden. Unter einem passenden Vorwand zeige man ihnen das schön geputzte Mädchen. Dann wartet man die günstige Fügung des Schicksals ab und setzt den Tag fest, an welchem man die Entscheidung kundgeben will.

Erscheinen dann die Freiwerber, lädt man sie zum Bade und zum Speisen ein, sagt ihnen: „Jedwedes Ding kommt zu seiner Zeit" und schiebt die Entscheidung hinaus, ohne eine Zusage zu geben.

1) Vogelflug: von übler Vorbedeutung ist ein blauer Häher zur Linken, wenn man in Geschäften ausgeht. Desgleichen eine Katze bei der gleichen Gelegenheit. Glücksmerkmale sind: Zucken des rechten Auges bei Männern, des linken bei Frauen.

2) Frühmorgens begebe man sich zum Hause seines Nachbarn und lausche den ersten Worten, die in der Familie gesprochen werden. Je nachdem, ob sie gut oder böse sind, mag man auf den Erfolg der vorhandenen Unterredung schließen.

3) Krankheit, welche in einem eichelförmigen Tumor an einer beliebigen Körperstelle besteht

---

Man meide diese Mädchen:

eine verborgen Gehaltene,

eine mit übelklingendem Namen,

eine mit eingedrückter Nase,

eine mit breiten Nasenflügeln,

eine mit knabenhaften Formen,

eine Krumme,

eine mit gebogenen Schenkeln,

eine Kahlköpfige,

eine, welche die Reinheit nicht liebt,

eine, welche schon von anderen genossen wurde,

eine, welche an Gulma 3) leidet,

eine, die irgendwie entstellt ist,

eine bereits mannbar Gewordene,

eine Freundin,

eine jüngere Schwester,

eine Varsakari

(an Hand- & Fußschweiß Leidende).

Über die Ehe I

Hat ein Mann solchermaßen nach Landesbrauch oder eigenem Wunsch ein Mädchen gewonnen, dann soll er es auf eine der vier Arten ehelichen, die die Heilige Schrift vorschreibt 4).
Das sind die Regeln für die Ehe.
Hierüber folgen einige Verse im Wortlaut:
„Gesellschaftsspiele, wie Versergänzungen, Heiraten und sonstige Verbindungen dürfen nur mit Ebenbürtigen unternommen werden, nie mit Höheren oder Niedrigeren 5). Man spricht von ´hoher Verbindung´, wenn der Mann nach der Heirat wie ein Diener seines Weibes und ihrer Eltern leben muß. Eine solche Verbindung wird von den Weisen verworfen. Als „niedrige Verbindung" hingegen tadeln sie die Ehe eines Mannes, der im Einverständnis mit seinen Eltern die Frau tyrannisch behandelt. Trachten aber Mann und Weib, einander nur Liebes zu erweisen und werden sie von den beiderseitigen Eltern hochgehalten, dann spricht man von einer Ehe im wahren Sinne des Wortes. Es schließe daher der Mann weder eine „hohe Verbindung", die ihm zum Diener seiner Schwiegereltern macht, noch eine „niedrige Verbindung", welche allgemein verdammt wird."

4) Die vier Arten sind: die Brahmas, Prajapatis, die Rishi-Hochzeit und die Hochzeit nach Götterart.
5) Dies erklärt sich aus dem strengen Kastenwesen.

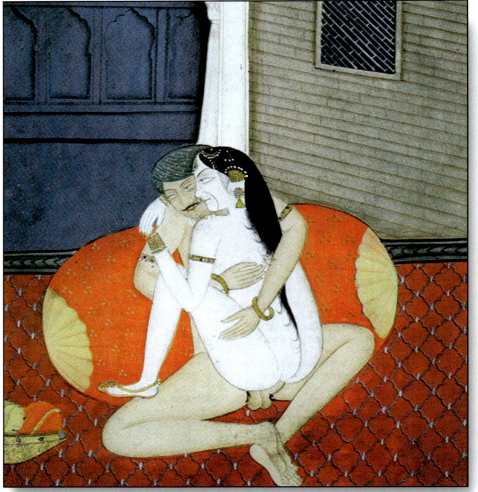

Wie man des Mädchens Vertrauen erwirbt II

Die ersten drei Nächte nach der Vermählung schlafen Mann und Frau auf dem Erdboden, enthalten sich aller geschlechtlichen Freuden und essen ungesalzene Speisen. An den sieben folgenden Tagen baden sie unter heiterer Musik, kleiden sich an, speisen miteinander und machen sodann den Eltern und Freunden, die an der Hochzeit teilgenommen haben, Höflichkeitsbesuche. Dies gilt für Angehörige aller Kasten. Am Abend des zehnten Tages nähere sich der Mann seinem Weibe unter vier Augen mit zarter Werbung, um ihr Vertrauen zu gewinnen. Einige Autoren behaupten, daß er drei Tage lang nicht mit ihr sprechen darf, um sie gänzlich zu gewinnen. Dagegen lehren die Schüler des Babhravya, daß das Mädchen des Liebhabers überdrüssig werden müsse, wenn es ihn drei Tage lang stumm und bewegungslos wie eine Säule dastehen sieht. Sie würde ihn dann als Angehörigen des dritten Geschlechtes verachten. Man nähere sich der Frau und suche ihr Vertrauen zu gewinnen, aber enthalte sich vorerst des Geschlechtsgenusses, lehrt Vatsyayana. Man überhaste nichts. Die Frauen sind von zarter Verfassung und wünschen, daß man sie zart umwerbe. Wenn der Mann, den sie ja noch kaum kennen, sie roh besitzen will, dann lernen sie die geschlechtliche Vereinigung, oft auch das ganze männliche Geschlecht hassen. Darum nähere man sich seiner jungen Frau in zarter Weise, mit möglichster Schonung. Der Mann muß danach streben, ihr Vertrauen mehr und mehr zu gewinnen. Hierzu bediene er sich folgender Mittel:

• Zuerst umarme er sie, wie es ihm am besten gefällt, weil dies nicht lange dauert.
• Er beginne mit dem Oberkörper, da dies einfacher und leichter ist. Hat das Mädchen das Jungfrauenalter schon erreicht, oder ist es mit ihrem Gatten bereits vertraut, dann mag es bei Lampenschein geschehen. Kennt er es aber noch nicht genau, oder handelt es sich um ein ganz junges Mägdlein, dann umfange er es in der Dunkelheit.
• Hat sie die Umarmung geduldet, dann gebe er ihr ein „Tambula" (Betelnüsse und -blätter). Weigert sie sich, es zu nehmen, dann rede er ihr freundlich zu, versuche es mit Bitten und Beschwörungen. Endlich falle er ihr zu Füßen. Selbst ein verschämtes oder zürnendes Weib

Wie man des Mädchens Vertrauen erwirbt II

kann einem Manne nicht widerstehen, welcher vor ihr kniet. Daß ist eine allgemeingültige Regel. Nimmt sie dann endlich das Tambula, dann küsse er ihr dabei den Mund leicht und zart, ohne einen Laut. Ist er soweit, dann bringe er sie zum sprechen. Zu diesem Zwecke frage er sie um Dinge, welche er nicht kennt oder nicht zu kennen vorgibt und die nur eine kurze Antwort erheischen. Tut sie nichts dergleichen, dann wiederhole er seine Frage freundlich. Redet sie auch dann nicht, dränge er sie dazu, denn, lehrt Ghotakamukha, „die Mädchen lauschen den Worten des Mannes, wenn sie auch selbst nicht reden". So gedrängt, wird sie endlich mit dem Kopf nicken. Zankte der Mann aber mit ihr, dann würde er nicht einmal diese Kundgebung erreichen. Fragt nun der Mann, ob er ihr gefalle und ob sie ihn liebe, dann wird sie lange stillschweigen, dringt er weiter in sie, dann wird sie zustimmend das Haupt neigen. Kannte der Gatte sie schon vor der Hochzeit, dann mag er sich der Hilfe einer vertrauenswürdigen, ihm gewogenen Freundin bedienen, um sich mit ihr zu unterhalten. Diese hält die Wechselrede in Gang. Dabei wird die junge Frau mit gesengten Antlitz lächeln. Sagt die Freundin nach ihrem Geschmack zuviel, dann wird sie mit ihr zürnen und sie schelten. Zum Scherz spricht die Freundin etwas, und fügt hinzu: „Das meint sie". Daraufhin erwidert das Mädchen rasch und leise: „So etwas sage ich nicht!". Dabei blickt es bisweilen den Liebhaber verstohlen von der Seite an.

• Ist das Mädchen vertraut geworden, dann wird es ohne ein Wort das Tambula, die Salbe oder den erbetenen Kranz neben ihn hinlegen oder ihm diese Dinge in das Obergewand stecken. Dabei berühre er ihre jungen Brüste mit dem tönenden Nägelmale. Wehrt sie ihn, dann sage er: „Ich werde es nicht mehr tun, wenn du mich umarmst!" So bringt er sie dazu, ihn zu umarmen. Währenddessen streichele er ihren ganzen Leib mit seiner Hand. Dann setze er sie auf seinen Schoß und gehe sachte weiter und weiter. Will sie die Zustimmung nicht geben, dann versetze er sie in Furcht. „Ich werde meine Zähne in deine Unterlippe drücken und Nägelmale auf deinen Brüsten eingraben, dann werde ich mir die gleichen Male zufügen und meinen Freunden erzählen, du hättest sie mir beigebracht. Was wirst du dann sagen?" So ungefähr gewinnt man das Vertrauen von Kindern, indem man sie einschüchtert. Auf die gleiche Art erreicht der Mann von seiner Frau, was er will.

In der zweiten und dritten Nacht, wenn sie etwas vertrauter geworden ist, streichele er ihren ganzen Leib mit der Hand und küsse ihn allüberall. Er lege seine Hände auch auf ihre Schenkel und massiere dieselben. Läßt sie dies zu, dann streichele er ihr die Weichen. Will sie ihn daran hindern, dann frage er: „Was ist denn weiter dabei?!" und fahre ruhig damit fort. Ist er soweit, dann liebkose er ihre Schamgegend, löse ihr den Gürtel und das Untergewand, entkleide sie und massiere ihren nackten Körper. Das alles geschieht unter verschiedenen Vorwänden. Den Beischlaf jedoch vollziehe

Wie man des Mädchens Vertrauen erwirbt II

er noch nicht. Dann lehre er sie die vierundsechzig Künste, sage ihr, wie sehr er sie liebe und sich nach ihr gesehnt habe. Er schwöre ihr Treue, beseitige ihre Furcht vor Nebenbuhlerinnen. Dann, wenn er so ihre Scheu überwunden hat, nähere er sich ihr, ohne sie zu erschrecken.

So gewinnt man das Vertrauen der Mädchen.

Hier folgen einige Verse zu diesem Thema:

„Handelt ein Mann nach den Neigungen des Mädchens, dann macht er es zutraulich und gewinnt seine Liebe und sein Vertrauen. Man folge nicht blind den Neigungen des Mädchens, widersetze sich ihnen aber ebensowenig, sondern wähle den Mittelweg. Wer sich darauf versteht, sich bei den Frauen beliebt zu machen, ihren Stolz zu mehren und ihr Vertrauen zu gewinnen, der kann ihrer Liebe sicher sein. Wer aber ein Mädchen verachtet, weil es ihm zu schamhaft scheint, gewinnt nur seine Mißachtung. Es hält ihn für ein Vieh, das keine Gedanken zu erraten versteht. Wird aber ein Mädchen mit Gewalt von jemand genommen, der sich auf Frauenherzen nicht versteht, dann wird es furchtsam, niedergeschlagen und zittert; es faßt Widerwillen gegen den Mann, der es mißbraucht, seine Liebe nicht zu gewinnen verstanden hat. Entweder wird es zur Männerfeindin oder, wenn es den Gatten besonders haßt, wendet es sich einem anderen zu.

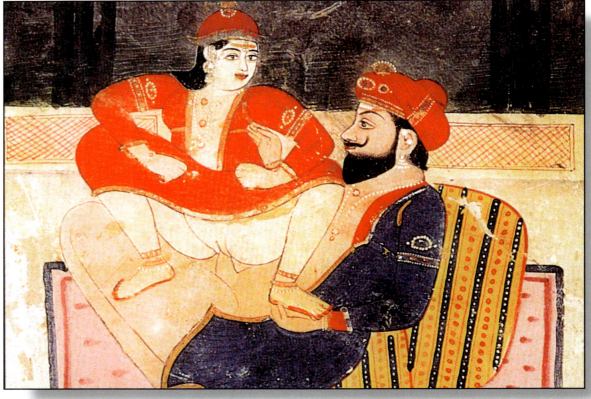

Werbung durch Gebärden und Zeichen III

Ein Armer, der an Vorzügen reich ist, ein Mann von niederer Herkunft und mäßigen Vorzügen, ein reicher Nachbar oder einer, der von Eltern und Brüdern abhängig ist, soll nicht heiraten, wenn er sich nicht von Kindheit an der Liebe und Achtung des Mädchens zu versichern im Stande war. Weilt ein junger Mann von seinen Eltern getrennt im Hause seines Oheims, dann soll er dessen Tochter zu gewinnen suchen, oder auch ein anderes Mädchen, selbst wenn es bereits mit einem anderen verlobt war. Diese Art, ein Mädchen zu erobern, hat nichts Verwerfliches an sich, lehrt Ghotakamukha, denn man erreicht dadurch den Dharma wie bei jeder anderen Verbindung.

Hat der Jüngling also begonnen, dem geliebten Mädchen den Hof zu machen, dann verbringe er seine Zeit mit ihr und unterhalte es mit Spielen und Vergnügungen, wie sie seinem Alter angemessen sind: Blumen pflücken, Kränze winden, Puppenspiel, Kochen, Würfel- oder Kartenspiel, par oder unpar, Mittelfingerfangen und ähnliche Spiele, die landesüblich sind. Überdies soll er Gesellschaftsspiele veranstalten: Verstecken, Auffinden von in Weizenhaufen versteckten Gegenständen, Blinde Kuh, Salzkarawane, ferner turnerische Übungen, an welchen das junge Mädchen, seine Freundinnen und Sklavinnen teilnehmen. Wenn der Mann die Vertraute des Mädchens kennt, soll er mit ihr feste Freundschaft schließen. Auch neue Bekanntschaften wird er machen. Vor allem aber soll er sich die Milchschwester der Angebeteten durch Freundlichkeit und kleine Dienste geneigt machen, denn hat er diese für sich, dann wird sie nicht gegen sein Vorhaben sein, wird es im Gegenteil fördern. Sie wird den Eltern des jungen Mädchens gegenüber den Charakter des Mannes stets ins rechte Licht rücken, ohne daß dieser sie darum bitten müßte.

Der Mann wird alles tun, um die Zuneigung des Mädchens zu erwerben. Er verschaffe ihr alles, wonach ihr Verlangen steht, z.B. Spielzeug, das ihre Freundinnen nicht kennen. Verschiedenfarbige Bälle 1) und ähnliche Merkwürdigkeiten zeige er ihr, schenke ihr Puppen aus Stoff, Holz, Büffelhorn, Elfenbein, Wachs, Teig oder Ton; Kochgeschirr, Holzfiguren, Mann und Frau, ein Paar Widder, Ziegen und Schafe darstellend; Tempel verschiedener

1) Das Ballspiel war in Indien sehr beliebt und spielt selbst in der Mythologie eine bedeutende Rolle.

Werbung durch Gebärden und Zeichen III

Gottheiten aus Ton, Bambusrohr und Holz; Käfige für Papageien, Nachtigallen, Predigerkrähen, Wachteln, Hähne und Rebhühner; Wassergefäße von zierlicher Form, Wasserspritzen, Lauten, Bildständer, Sesselchen, Lack, roten und gelben Arsenik, Karmin, und Collyrium, endlich Sandelholz, Safran, Betelnüsse und -blätter. Diese Dinge schenke er ihr aus verschiedenen Anlässen, wenn sich ihm eine günstige Gelegenheit bietet, mit ihr zusammenzukommen, sei es heimlich oder öffentlich, je nachdem. Kurz, er trachte, ihr auf alle mögliche Weise zu zeigen, daß er bereit ist, ihr jeden Wunsch von den Augen abzulesen.

Dann suche er von ihr ein Stelldichein an einem verborgenen Ort zu erlangen. Dort sage er ihr, der Grund, warum er ihr diese Geschenke im Geheimen gebe, sei der, daß er sich fürchte, ihren Eltern und den seinen zu mißfallen. Er erwähne nebenbei, daß viele andere nach den Geschenken Verlangen getragen hätten. Scheint ihm ihre Zuneigung zu wachsen, dann ergötze er sie durch heitere Geschichten, wenn sie daran gefallen findet. Oder wenn sie an Zauberkunststücken Vergnügen hat, führe er ihr solche vor, um sie in Erstaunen zu setzen. Ist sie für die Künste eingenommen, dann zeige er ihr seine Geschicklichkeit darin. Liebt sie Gesang, erfreue er sie mit Musik. Zu gewissen Gelegenheiten, am Tage Ashvayuji, Ashtamicandraka und Kaumudi, bei Prozessionen und Festen bei Mondschein, welche sie gemeinsam besuchen, oder wenn sie von einer Reise zurückkehrt, schenke er ihr Blumen, Kopfschmuck und Ohrgehänge, Ringe usw., denn bei solchen Anlässen macht man Angebinde.

Er lehre die Milchschwester die vierundsechzig Künste in ihrer Gänze und offenbare ihr unter diesem Vorwand seine Geschicklichkeit im Liebesgenusse. Stets sei er schmuck und geschmackvoll gekleidet, denn die Frauen geben viel auf das Äußere der Männer, die um sie sind.

Wenn die Weiber auch lieben, so werden sie doch nie sich bemühen, den Gegenstand ihrer Neigung zu gewinnen. Es ist daher wohl überflüssig, sich weiter über dieses Thema zu verbreitern.

Nun wollen wir von den Gebärden und Äußerungen sprechen, welche darauf schließen lassen, daß das junge Mädchen Liebe empfindet:

Nie blickt sie dem Manne ins Auge und errötet, wenn er sie ansieht. Unter einem Vorwand wird sie ihm ihren Leib enthüllen. Geht der Geliebte von ihr, dann blickt sie ihm heimlich nach. Sie beugt das Haupt, wenn er sie etwas fragt und antwortet ihm stotternd und unsicher. Gern verweilt sie lange in seiner gegenwart. Nie will sie den Ort verlassen, an welchem er weilt. Unter einem Vorwande zeigt sie ihm verschiedene Dinge, erzählt ihm Geschichten und Fabeln, möglichst langsam, um das Gespräch auszudehnen. Oft küßt sie ein auf ihrem Schoße sitzendes Kind oder malt ihren Dienerinnen Zeichen auf die Stirn, scherzt auch heiter mit ihnen, wenn er anwe-

Werbung durch Gebärden und Zeichen III

send ist. Den Freunden des Geliebten vertraut sie, ist mit ihnen höflich und zuvorkommend. Auch mit seinen Dienern ist sie freundlich, plaudert mit ihnen, fordert sie auf, ihre Pflicht zu tun, als wäre sie ihre Herrin. Aufmerksam lauscht sie, wenn vom Geliebten die Rede ist. Auf die Aufforderung der Milchschwester betritt sie auch sein Haus, sie schiebt sie vor, um mit ihm Scherzen und Spielen zu können. Steht er in der Ferne, dann redet sie laut mit ihren Dienerinnen, in der Hoffnung, seine Aufmerksamkeit zu gewinnen. Ungeschmückt läßt sie sich nicht sehen. Durch ihre Freundin übersendet sie ihm Ohrgehänge und sonstigen Schmuck, wenn er etwa danach verlangt hätte. Ständig trägt sie einen von ihm herrührenden Gegenstand bei sich. Reden ihre Eltern von einem anderen Freier, dann ist sie tödlich betrübt; sie vermeidet den Verkehr mit dessen Anhang.

Hier gibt es einige Verse:
„Ist der Mann über die Gefühle des Mädchens ihm gegenüber im klaren, hat er dessen Gebärden und Verhalten richtig verstanden, dann muß er alles daran setzen, sich mit demselben zu vereinigen. Ein Kind gewinne er durch kindliche Spiele, eine Jungfrau durch seine Gewandtheit in allen Künsten und ein Mädchen, welches ihn liebt, mit Hilfe von dessen Vertrauter."

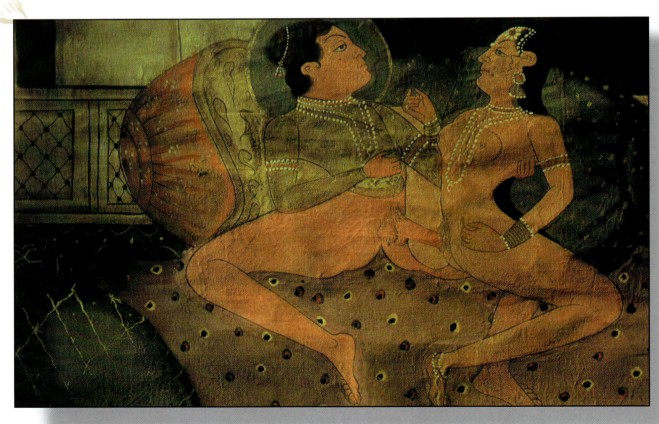

Wie der Mann seine Eroberung sichert IV

Zeigt, wie im vorigen Kapitel beschrieben, das junge Mädchen durch sein Verhalten, daß es den Mann liebt, dann gewinne er es mit List.

Bei Spielen und Unterhaltungen, an welchen beide teilnehmen, halte er ihre Hand bedeutsam fest. Er umarme sie auf verschiedene Art, wie oben angedeutet, bedeutend usw. Um ihr seine Gedanken anzudeuten, zeige er ihr ein Pärchen, auf einem Blatte eingeritzt. Bei den Wasserspielen tauche er fern von ihr unter, schwimme in ihre Nähe und tauche dort plötzlich auf. Beim Jungblattspiel teile er ihr seine Liebe mit. Er schildere ihr seine Pein und erzähle ihr, daß er im Traume mit einer Frau, die ihr gliche, ein zärtliches Stelldichein gehabt habe. Im Theater und in der Gesellschaft der Angehörigen setze er sich neben sie und trachte, sie zu liebkosen. Er stütze Fuß auf Fuß, berühre mit seiner großen Zehe nacheinander ihre Zehen und stoße an die Nagelspitzen. Wenn sie sich die Füße badet, drücke er ihre Zehen mit der Zange der seinigen. So oft er ihr ein Geschenk überreicht, sollen seine Blicke und seine Haltung Dolmetsch seiner Liebe sein.

Mit dem Wasser, welches er zum Mundausspülen erhalten, besprenge er sie. In der Einsamkeit oder Dunkelheit mit ihr beisammensitzend, spreche er von seiner Liebe zu ihr und lasse sie in seinem Herzen lesen, ohne sie zu verletzen.

So oft er mit ihr den Sitz oder das Lager teilt, sage er: „Ich habe dir allein etwas mitzuteilen". Folgt sie ihm, dann zeige er ihr seine Liebe mehr durch Gebärden und Zeichen denn durch Worte. Hat er ihre Gefühle durchforscht, dann stelle er sich krank und lasse sie um ihren Besuch bitten. Kommt sie, dann lege er sich ihre Hand auf Stirn und Augen. Er bitte sie, ihm ein Heilmittel zu bereiten, mit den Worten: „Dir, nur dir kommt diese Aufgabe zu!" Muß sie dann gehen, so hindere sie nicht und bitte sie nur, wiederzukommen. Diese geheuchelte Krankheit hat drei Tage

Ingleichen, was das Mädchen tun muß, um den Mann zu beherrschen und zu fesseln.

Wie der Mann seine Eroberung sichert IV

Ingleichen, was das Mädchen tun muß, um den Mann zu beherrschen und zu fesseln.

und drei Nächte zu dauern. Hat sie sich dann schon daran gewöhnt, ihn häufig aufzusuchen, führe er mit ihr lange Gespräche, denn, lehrt Ghotakamukha, „ohne Wortüberschwang ist kein Mädchen zu erobern, wie heiß man sie auch liebe." Findet nun der Mann, daß das Mädchen gewonnen ist, dann mag er sich anschicken, sie zu genießen. Wenn man aber meint, daß die Frauen sich am Abend, bei Nacht und in der Dunkelheit weniger schüchtern zeigen als sonst, daß sie sich zu diesen Zeiten nach dem Beischlaf sehnen und dem Manne nicht wehren und daß man sie nur zu diesen Gelegenheiten besitzen soll, so ist das bloßes Geschwätz.

Kann der Mann aber seinen Zweck allein nicht erreichen, dann bediene er sich der Hilfe der Milchschwester oder einer vertrauten Freundin des Mädchens, um es zu veranlassen, ihn aufzusuchen. Natürlich darf es von seinem Vorhaben nichts wissen. Er verfahre dann wie oben geschildert. Oder er sende der Geliebten von allem Anfang eine Sklavin zur Gesellschaft, welche ihm die Eroberung erleichtern wird.

Hat sich der Mann durch ihr Verhalten bei Opferfesten, Hochzeitsfeierlichkeiten, Prozessionen, Festen, Theatervorstellungen usw. von ihren Gefühlen ihm gegenüber endgültig Gewißheit verschafft, dann genieße er sie, sobald sie allein sind. Wenn sie zur rechten Zeit und am rechten Orte angegangen werden, kehren Frauen nämlich nie um. So lehrt Vatsyayana.

Ein Mädchen von geringer Abkunft oder wenig Vermögen, aber reich an Vorzügen, welches von Gleichgestellten wegen seiner Armut nicht begehrt wird, oder eine Vollwaise soll sich auf eigene Faust um ihre Verheiratung kümmern, sobald sie das nötige Alter erreicht hat. Sie umwerbe einen kräftigen, ansehnlichen jungen Mann, oder einen, der sie aus Charakterschwäche selbst gegen den Willen seiner Eltern ehelicht. Zu diesem Ende wendet sie alle Mittel an, um seine Zuneigung zu erreichen und ergreife jede Gelegenheit, ihn zu sehen. Auch ihre Mutter darf nicht vernachlässigen, was die beiden vereinigen könnte; sie bediene sich der Hilfe der Milchschwester und ihrer Freundinnen. Das Mädchen trachte, mit dem Geliebten in der Einsamkeit zusammenzutreffen. Bald schenke es ihm Blumen, bald Betelnüsse oder -blätter und Wohlgerüche. Es beweise ihm seine Geschicklichkeit in den Künsten, beim Massieren, in Nägelmalen. Es unterhalte ihn, wie es ihm am besten zusagt, und bespreche mit ihm Mittel und Wege, wie man die Neigung eines Mädchens gewinnt.

Wie heiß aber auch die Liebe eines Mädchens für einen Mann brenne, nie darf es sich ihm an den Hals werfen oder ihm Avancen machen, denn es setzt sich dadurch einer Zurückweisung aus. So lehren die alten Meister. Wenn er es genießen zu wollen scheint, muß es sich ihm willfährig zeigen. Es darf auch keine Aufregung zeigen, wenn er es umarmt, muß überhaupt

Wie der Mann seine Eroberung sichert IV

Ingleichen, was das Mädchen tun muß, um den Mann zu beherrschen und zu fesseln.

alle seine Liebesbezeigungen so hinnehmen, als wüßte es nicht, wo er hinauswolle. Dem Kuß allerdings setze es Widerstand entgegen.

Bittet er es, sich ihm ganz zu schenken, dann lasse es ihn höchstens seine Lenden streicheln und auch dies nur nach heftigem Sträuben. Wie sehr er auch darauf dringen möge, es darf ihm nie freiwillig nachgeben, sondern muß seinem Verlangen Abweisung entgegensetzen. Erst wenn es dessen gewiß ist, daß es wahrhaft geliebt wird, daß der Geliebte nicht wankelmütig ist und es nicht verläßt, dann darf es sich ihm hingeben, unter der Bedingung, daß er es bald heirate. Hat es seine Jungfernschaft verloren, dann mache es davon seinen Freundinnen Mitteilung.

Darüber folgen einige Verse:

„Ein vielumworbenes Mädchen nehme den Mann zum Gatten, welchen es liebt, der ihm eine Stütze und fähig ist, es glücklich zu machen. Vermählen es aber die Eltern aus Selbstsucht und ohne Rücksicht auf Vorzüge, Schönheit und Charakter an einen reichen Mann oder an einen, der mehrere Frauen hat, dann wird es seinen Gatten niemals lieben, mag er auch voll guter Eigenschaften sein, ergeben, jung, kräftig, gesund und bereit, ihm jegliche Freude zu machen. Besser ein gutmütiger, sich selbst gehöriger Mann, wenn er auch arm und wenig ansehnlich sein mag, als ein Gatte mehrerer Weiber, mag er auch noch so begehrenswert sein.

Reiche Männer haben gewöhnlich viele Frauen, die aber nicht an ihnen hängen und ihnen nicht ihr Vertrauen schenken. Mögen sie auch äußerlich glücklich sein und alle Annehmlichkeiten des Lebens genießen, so pflegen sie darum doch Einverständnis mit anderen Männern. Ein Mann von niedriger Gesinnung oder einer, der viel auf Reisen ist, ist nicht wert, daß man ihn heirate.

Gleichzuhalten sind Männer mit viel Weibern und Kindern oder solche, welche körperlichen Übungen oder dem Spiel leidenschaftlich ergeben sind und sich nur selten ihrer Frau widmen, wenn es ihnen eben paßt. Von allen Liebhabern eines Mädchens ist derjenige sein wahrer Gatte, der die Eigenschaft besitzt, welche es am höchsten schätzt. Solch ein Mann wird seiner Frau wahrhaft überlegen sein, denn es ist der Mann ihrer Liebe."

Über einige Formen der Ehe V

Wenn ein junges Mädchen seinen Geliebten nicht oft allein sehen und sprechen kann, so kann es die Tochter seiner Amme mit Botschaften zu ihm senden, vorausgesetzt natürlich, daß es ihr vertrauen darf und daß es dieses Mädchen mit Vorsicht für sich gewonnen hat. Im Gespräch mit dem jungen Mann muß dann die Tochter der Amme die vornehme Geburt des Mädchens rühmen, seinen guten Charakter, seine Schönheit, seine Talente, sein gutes Betragen, die Reife seines Geistes und die Zuneigung, die es für den jungen Mann empfindet. Doch darf sie natürlich nicht merken lassen, daß sie von dem Mädchen geschickt ist. Dem Mädchen wird sie dann von den guten Eigenschaften des jungen Mannes erzählen, besonders von jenen Eigenschaften, die dem jungen Mädchen, wie sie weiß, angenehm sind. Sie wird auch in wegwerfenden Ausdrücken von anderen Liebhabern des jungen Mädchens sprechen, sie wird den Geiz, die schlechten Gewohnheiten ihrer Eltern anführen, das geringe Ansehen ihrer Familien. Sie wird auf Beispiele aus alter Zeit hinweisen, auf das Beispiel der Sakuntala und anderer etwa, die sich mit einem Mann der eigenen Kaste nach freier Wahl verei-

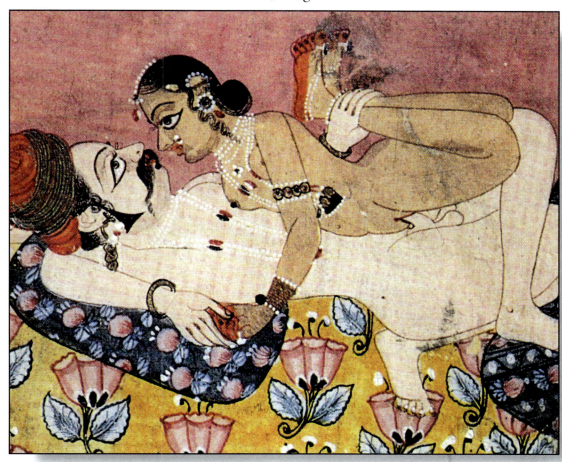

Über einige Formen der Ehe V

nigt hatten und in der Gesellschaft ihrer Gatten stets glücklich waren. Sie wird von anderen Mädchen erzählen, die, in große Familien verheiratet, bald von Nebenbuhlerinnen gepeinigt, sehr unglücklich und schließlich gar verlassen wurden. Endlich wird sie von dem hübschen Vermögen, von dem Glück, das ihm bei allen Unternehmungen treu ist, von der Sittenreinheit des jungen Mannes, von seiner kindlichen Zuneigung zu seinen Eltern, von seiner Neigung zu dem jungen Mädchen sprechen, und wenn sie es dann in den jungen Mann ganz verliebt gemacht hat, so wird die Botin sich Mühe geben, das junge Mädchen zu überzeugen, daß es nichts zu wagen hat, sie wird die Furcht und den Zweifel zerstreuen, die vielleicht in dem jungen Mädchen aufsteigen, sie wird ihm ausreden, daß aus seiner Heirat Unglück entstehen könnte. Mit einem Worte: sie wird ganz und gar die Rolle einer Kupplerin spielen. Sie wird dem Mädchen alles sagen, was sie von der Liebe des jungen Mannes weiß, sie wird ihm berichten, an welchen Orten er verkehrt, welche Anstrengungen er gemacht hat, das Mädchen zu treffen. Sie wird oft wiederholen: „Alles wird auf das beste gehen, wenn der junge Mann dich eines guten Tages mit Gewalt entführt."

Formen der Ehe

Wenn ein junges Mädchen ganz gewonnen ist, und wenn es sich einem Manne offen anvertraut, als ob es schon seine Frau wäre, so läßt der Mann Feuer aus dem Hause eines Brahmanen kommen 1). Wenn dann etwas Kusha-Kraut 2) auf dem Boden gestreut, wenn dem Feuer ein Opfer gebracht ist, so heiratet er es nach den religiösen Vorschriften. Dann wird er seine Eltern von dem Geschehen in Kenntnis setzen. Denn nach den Meinungen der Alten kann eine Hochzeit, die feierlich im Angesicht des Feuers

---

1) Das Feuer hat bei allen arischen Völkerschaften Bedeutung von Heiligkeit.
2) Ein als heilig geltendes Gras.

Über einige Formen der Ehe V

geschlossen ist, in keiner Weise mehr angefochten werden.

Nach Vollzug der Ehe teilen sie den Verwandten des Mannes mit, was geschehen ist. Auch die Eltern des Mädchens werden nun unterrichtet, und zwar unter Vorkehrungen, die darauf hinzielen, ihre Einwilligung zu erlangen, sie vergessen zu lassen, auf welche Art die Ehe geschlossen ist. Wenn man so weit ist, erkauft man die Verzeihung durch liebenswürdige Geschenke und vielfache Eherenbezeichnungen. Auf diese Art heiratet der Mann ein Mädchen nach der Eheform, die den Namen Gandharvenritus trägt.

Wenn ein junges Mädchen sich nicht entscheiden kann, oder wenn es nicht zum Ausdruck bringen will, daß es bereit ist, sich zu verheiraten, dann kommt der Mann durch eines der folgenden Mittel zum Ziel:

1. Bei der ersten günstigen Gelegenheit läßt der junge Mann das Mädchen durch eine gemeinsame Freundin, der er voll vertrauen kann, heimlich zu sich bringen. Dann holt er Feuer aus dem Hause des Brahmanen und verfährt, wie es schon erzählt wurde.
2. Wenn die Heirat des Mädchens mit einem anderen Bewerber droht, so sucht er diesen bei der Mutter des Mädchens herabzusetzen. Hat er dann die Einwilligung der Mutter erhalten, das junge Mädchen in ein Nachbarhaus zu führen, so holt er Feuer aus dem Hause des Brahmanen, und alles vollzieht sich, wie angegeben.
3. Der junge Mann muß sich zum innigsten Freund des Bruders des jungen Mädchens machen. Dieser Bruder, der mit ihm gleichen Alters sein soll, ist sicher den Kurtisanen ergeben, oder er hat Liebesgeschichten mit den Frauen anderer Männer. Er wird ihm bei allen Gelegenheiten helfen, er wird ihm Geschenke machen. Er wird ihm dann erzählen, wie sehr er in seine Schwester verliebt ist. Man weiß, daß die jungen Leute bereit sind, für ihre Altersgenossen, wenn sie ihre Gewohnheiten, ihre Liebhabereien teilen, alles, sogar ihr Leben zu opfern. Der junge Mann wird endlich, mit Hilfe des Bruders, das junge Mädchen an einen sicheren Ort entführen, wo er dann in der genannten Weise heiraten wird, nachdem er vorher das Feuer aus dem Hause des Brahmanen geholt hat.
4. Bei einem Fest wird der junge Mann, mit Hilfe der Tochter der Amme des jungen Mädchens, ihm einen berauschenden Trank reichen lassen. Dann wird er es unter irgend einem Vorwand an einen sichern Ort bringen lassen. Dorthin holt er, nachdem er das Mädchen erobert hat, ehe seine Verzückung beendet ist, Feuer aus dem Hause des Brahmanen, und alles ist in Ordnung.
5. Im Einverständnis mit der Tochter der Amme entführt der junge Mann das Mädchen in dessen Hause, während es schläft. Nachdem er aus dem Schlafzustande des Mädchens seinen Vorteil gezogen hat, holt er Feuer aus dem Hause des Brahmanen und verfährt nach den alten Gesetzen.
6. Wenn das junge Mädchen sich in einen Garten begibt oder in ein Dorf in der Nähe, wird der junge Mann mit Hilfe seiner Freunde die aufgestellten Wächter überfallen. Nachdem er sie getötet oder in die Flucht geschlagen hat, entführt er das junge Mädchen mit Gewalt und verfährt wie in allen anderen hier angegebenen Fällen.

Es gibt über diesen Gegenstand alte Verse, deren Inhalt so lautet:

„Von den Formen der Heirat, hier geschildert, ist stets die vorausgehende besser als die folgende, weil sie mehr mit den Vorschriften der Religion übereinstimmt. Es ist also auch nur dann erlaubt, die zweite (oder eine der folgenden Formen) anzuwenden, wenn es unmöglich ist, durch die Anwendung der ersten zum Ziele zu gelangen. Wie die Frucht jeder guten Ehe die Liebe ist, so wird die Eheform Gandharva auch dann anerkannt, wenn sie unter ungünstigen und sonst unerlaubten Umständen geschlossen wird, denn sie erfüllt das vorgesteckte Ziel. Ein Grund für die Beliebtheit der Eheform Gandharva liegt darin, daß sie geradewegs auf das Glück hinzielt, weil sie weniger Umstände macht als andere Formen und weil sie stets das Resultat einer wahren Liebe ist."

Vierter Teil
Über die Gattin

Das Leben einer tugendhaften Frau und ihr Benehmen in der Abwesenheit ihres Mannes I

Eine Frau, die ihren Mann liebt, muß nach seinen Wünschen leben, gerade als ob er ein göttliches Wesen wäre. Mit seiner Zustimmung nimmt sie die ganz Last des Hauses auf sich. Sie wird das Haus stets sehr reinlich halten, sie wird in den verschiedenen Zimmern Blumen vieler Art und in verschiedenen Farben verteilen, sie wird sorgen, daß der Fußboden immer glatt und blank ist, sie wird allem einen Schein von Sauberkeit und Nettigkeit geben. Um das Haus wird sie einen Garten anlegen, wo sie, stets zum Gebrauch bereit, alles für das Morgen-, Mittag- und Abendopfer Notwendige aufbewahren wird. Außerdem wird sie in ihrem eigenen Betzimmerchen die Hausgötter ehren. „Nichts", sagt Gonardiya, „knüpft das Herz des Hausherrn so fest an seine Frau wie die gewissenhafte Einhaltung der über diese Verehrung festgesetzten Regeln."

Die Eltern, Verwandten, Freunde, Schwestern und Diener ihres Mannes wird sie jeden nach seinem Verdienst behandeln. Im Garten wird sie grüne Gemüse pflanzen, Zuckerrohrbüsche, Feigen, Anethum Sowa und Xanthochymus pictorius. Sie wird auch verschiedene Blumen im Garten ziehen, wie z.B. die Trapa bispinosa, Jasmin, Gasminum grandiflorum, Tabaernaemontana coronaria, das Nandyavarta, die Chinarose und andere. Dort wird sie auch den duftenden Rasen Anthropogon schoenanthus anlegen, auch die duftende Wurzel der Pflanze Anthropogon muricatus pflegen. Schließlich muß der Garten auch Bäume und Bänke haben. In der Mitte soll ein Brunnen sein, ein Wasserbecken oder ein Wasserbehälter.

Die Herrin des Hauses soll stets die Gesellschaft von Bettlerinnen meiden, mögen sie Buddhistinnen sein oder nicht, die Nähe von sittenlosen Frauen, von abenteuernden Künstlerinnen und von Zauberinnen.

Was die Mahlzeiten angeht, so soll sie sich stets Rechenschaft darüber geben, was ihr Mann liebt und nicht

Das Leben einer tugendhaften Frau und ihr Benehmen in der Abwesenheit ihres Mannes I

liebt, was ihm gut oder nicht gut ist. Sobald sie nur seinen Schritt kommen hört, soll sie sich erheben, bereit, alles zu tun, was er befiehlt. Sie soll sogleich den Dienerinnen befehlen, ihm die Füße zu waschen, wenn sie das nicht selbst tut. Immer, wenn sie mit ihm ausgeht, lege sie all ihren Schmuck an. Niemals wird sie ohne seine Erlaubnis Gäste empfangen oder Einladungen annehmen, Hochzeiten oder Opfern beiwohnen, bei ihren Freundinnen Besuche machen oder die Tempel der Götter besuchen. Wenn sie den Wunsch hat, an irgend einem Spiel oder Vergnügen teilzunehmen, was es auch immer sei, so wird sie erst seine Einwilligung einholen. Ebenso wird sie sich stets nach ihm setzen und stets vor ihm aufstehen, auch wird sie ihn niemals wecken, wenn er schläft. Die Küche soll in einem abseitigen und ruhigen Winkel gelegen sein, derart, daß Fremde dort niemals Zutritt haben können. Sie soll immer sauber sein.

Wenn ihr Mann sich schlecht betragen hat, so darf sie ihm keine heftigen Vorwürfe machen, die ihm Mißvergnügen bereiten müßten. Niemals darf sie ihm gegenüber beleidigende Worte gebrauchen, sondern sie wird noch bei Vorwürfen sanfte und liebenswürdige Worte einfließen lassen, mag er nun bei seinen Freunden, mag er allein sein. Vor allen Dingen soll sie nicht streitsüchtig sein. Gonardiya sagt: „Nichts ist einem Mann widerwärtiger als dieser Fehler bei einer Frau". Sie soll vermeiden, undeutlich zu sprechen, die Augen niederzuschlagen, beiseite zu sprechen, vor der Tür des Hauses zu stehen und die Vorübergehenden zu betrachten. Sie soll auch nicht auf dem öffentlichen Promenaden herumschwatzen und sich lange an einsamen Orten aufhalten. Endlich soll sie ihren Körper, ihre Zähne, ihre Haare, alles was ihr gehört, anständig pflegen und sauber und reinlich halten.

Wenn eine Frau den Wunsch hat, sich ihrem Manne zu einer Liebesstunde beizugesellen, so wird sie sich reich schmücken, wird verschiedene schöne Blumen tragen und ein Gewand von vielen Farben anlegen. Sie wird köstliche Düfte von Salben und Wohlgerüche ausströmen. Ihr Alltagskleid aber soll einfach sein, ohne viel Blumen, ohne großen Schmuck, auch soll sie Wohlgerüche ohne Übertreibung anwenden. Sie soll die Fasten und die Gelübde ihres Mannes ebenfalls beobachten, und wenn er sie daran hindern will, soll sie ihn überreden, ihr ihren Willen zu lassen.

Zu gewissen Zeiten, wenn die einzelnen Waren billig und vorteilhaft einzukaufen sind, wird sie ihre Besorgungen machen, und sie wird Bambus, Brennholz, Leder, Eisen, auch Öl und Salz kaufen. Wohlgerüche und Opfergaben, Arzneien und andere Gegenstände, die man immer nötig hat, wird sie zu passender Zeit kaufen und in einem geheimen Gemach im Hause einschließen. Samen vom Rettig, von der Batate, von der gemeinen Rübe, vom indischen Absinth, von Gurken, Auberginen, von Sandelholz, von Knoblauch und wie alle Gartenfrüchte sonst heißen mögen,

Das Leben einer tugendhaften Frau und ihr Benehmen in der Abwesenheit ihres Mannes I

werden zur gehörigen Zeit gekauft und gesät.

Die verheiratete Frau darf Fremden nicht sagen, wie hoch das Vermögen ihres Mannes ist, auch darf sie über die Geheimnisse, die er ihr anvertraut hat, nicht sprechen. Sie soll alle Frauen ihres Ranges durch ihr Wohlverhalten, ihren Anstand, ihr Benehmen, ihre Kenntnis der Küche und der Wirtschaft, durch die Würde ihrer Haltung und durch die ganze Art, ihrem Manne zu dienen, übertreffen. Die Ausgaben des Jahres sollen nach den Einkünften geregelt werden. Öl und Zucker sollen im Hause zubereitet werden. Es soll überhaupt alles, was für Haus und Garten gebraucht wird, stets in der richtigen Menge und stets zur rechten Zeit im Hause vorhanden sein. Sie zahlt die Gehälter der Dienstboten aus, sie überwacht die Bestellung der Felder, die Herden, das Instandhalten der Wagen, sie besorgt den Geflügelhof mit allen seinen Insassen, sie pflegt die Pfauen, die Papageien und Affen. Einnahmen und Ausgaben des Tages gehen durch ihre Hand. Sie gibt den Dienern, die gut geschafft haben, alte Kleider, um ihnen zu zeigen, daß sie ihre Dienste schätzt, oder sie macht von ihnen einen anderen Gebrauch. Sie läßt auch die Fässer, in denen der Wein bereitet wird und die anderen, in denen er aufbewahrt wird, nicht aus den Augen. Sie überwacht alle Einkäufe, alle Verkäufe. Sie empfängt stets freundlich die Freunde ihres Mannes und macht ihnen Blumen, Salben, Weihrauch, Betelblätter und Betelnüsse zum Geschenk. Ihren Schwiegereltern wird sie mit aller schuldigen Rücksicht begegnen, sie wird ihnen stets zu Willen sein, sie wird ihnen niemals widersprechen. Sie wird aber ohne Schärfe und Bitterkeit zu ihnen nur wenig reden, sie wird Feinde so behandeln, als ob es die ihren wären. Endlich darf sie nicht eitel, nicht zu sehr mit ihren Vergnügungen beschäftigt sein. Sie soll freundlich mit ihren Dienstboten sein und sie an Festen und Feiertagen belohnen. Aber sie soll nichts verschenken, ohne vorher ihren Mann davon unterrichtet zu haben.

So vollzieht sich das Leben einer tugendhaften Frau.

Ist ihr Mann auf Reisen, so wird die ehrbare Frau keinen anderen Schmuck als glückbringende Amulette tragen, wie sie auch die Fasten zu Ehren der Götter genau einhalten wird. So sehr sie auch Nachrichten von ihrem Mann erwartet und zu haben wünscht, so soll sie deswegen nicht weniger Sorge für ihren Haushalt tragen. Sie soll in der Nähe der ältesten Frauen im Hause schlafen und sich ihnen angenehm machen. Gegenstände und Dinge, die ihr Mann liebt, soll sie pflegen und in guter Ordnung halten, angefangene Arbeiten soll sie beenden. Sie soll zu Verwandten und Freunden nur bei freudigen Anlässen oder bei einem Trauerfall gehen. Sie soll dann ihr einfaches Reisekleid tragen und sich von den Dienern ihres Mannes begleiten lassen, auch soll sie nie lange außer dem Haus bleiben. Fasten und Feste soll sie mit Zustimmung der Ältesten im Hause feiern. Sie soll die Einnahmen des Hauses erhöhen, indem sie nach dem Grundsatz der klugen Kaufleute Einkäufe und Verkäufe vornimmt, unter Hilfe treuer Diener, die sie aber trotzdem überwachen muß. Die Einkünfte sollen möglichst erhöht, die Ausgaben möglichst verringert werden. Wenn ihr Mann von der Reise zurückkommt, soll sie ihn in ihrem Alltagskleide empfangen, damit er sieht, wie sie sich während seiner Abwesenheit betragen hat. Auch soll sie ihm einige kleine Geschenke überreichen, auch von jenen Gegenständen soll sie ihm darbringen, wie sie zu den Opfern für die Götter gebraucht werden.

Hiermit endigt, was aufgezeichnet ist über das Leben einer ehrbaren Frau in Abwesenheit ihres Mannes.

Auch über diesen Gegenstand gibt es Verse, die lauten:

„Die Frau, mag sie ein Mädchen aus gutem Hause oder eine jungfräuliche Witwe [1] oder nur eine Nebenfrau sein, muß ein keusches Leben führen, muß ihrem Gatten ergeben sein und nichts venachlässigen, was ihm frommt. Die Frauen, die so handeln, erringen Dharma, Artha und Kama, erringen eine hohe Stellung und verpflichten sich stets das Herz ihres Mannes.

---

[1] Damit ist wahrscheinlich ein als kleines Kind verheiratetes Mädchen gemeint, dessen Mann schon vor dem Alter ihrer Reife gestorben ist. Kinderheiraten sind bei den Hindus auch heute noch sehr viel im Gebrauch.

Von den Pflichten der ältesten Gattin gegen die anderen Frauen ihres Mannes, von den Pflichten der jüngsten gegen die älteste Frau – Das Benehmen einer wiederverheirateten jungfräulichen Witwe und einer von ihrem Gatten zurückgesandten Frau – Von den Frauen im Harem des Königs und von dem Benehmen eines Mannes gegen mehrere Frauen II

Dies sind die Gründe für eine neue Ehe zu Lebzeiten einer Frau:
1. Wahnsinn oder schlechter Charakter der Frau.
2. Abscheu, den der Mann für sie empfindet.
3. Ausbleiben der Nachkommenschaft.
4. Häufige Geburt von Töchtern.
5. Unbeständigkeit des Mannes.

Von Anfang an soll eine Frau sich in der Ehe alle Mühe geben, das Herz ihres Mannes zu fesseln. Dazu zeige sie sich ihm stets ergeben, immer sei sie guter Laune und stets vernünftig. Wenn sie keine Kinder bekommen kann, soll sie selbst ihrem Mann den Rat geben, eine andere Frau zu nehmen. Wenn die neue Frau ins Haus gekommen ist, so wird die erste ihr einen Rang einräumen, der höher als ihr eigener Rang ist, und sie wird die neue Gattin als ihre Schwester betrachten. Die ältere wird am Morgen die neue Gattin zwingen, sich vor ihrem Gatten recht schön zu schmücken, und sie wird kein Zeichen von Eifersucht geben, wenn ihr Gatte Aufmerksamkeiten für seine neue Frau hat. Wenn die neue Frau etwas tut, was dem Gatten mißfällt, so soll die ältere sie nicht etwa deswegen ihrer Wege gehen lassen, sondern sie soll ihr vielmehr gute Ratschläge geben, immer nur das vor ihrem Gatten zu tun, was diesem gefällt. Die Kinder einer neuen Frau wird sie wie ihre eigenen behandeln. Die Dienerinnen der neuen Frau wird sie rücksichtsvoller als ihren eigenen Leuten begegnen, sie wird liebenswürdig und gut zu ihren Freunden sein, und sie wird die Eltern der neuen Frau immer ehren.

Wenn außer ihr noch mehrere Frauen im Hause sind, so wird sich die älteste Gattin mit derjenigen verbünden, die unmittelbar im Range und im Alter nach ihr kommt. Diejenige der Frauen aber, welche am meisten Gunstbezeigungen des Mannes erhalten hat, suche sie mit der Favoritin des Tages zu entzweien, indem sie einen Streit zwischen ihnen hervorruft. Sie wird sich den Anschein geben, sie zu beklagen, aber sie wird die anderen Frauen dazu bringen, daß sie vereint diese Favoritin als eine schlechte und ränkesüchtige Frau bei dem Manne verklagten. Doch wird sie alles so einrichten, daß sie sich dabei nichts vergibt. Gerät nun die Favoritin mit dem Mann in Streit, so wird die älte-

II

ste der Frauen scheinbar ihre Partei ergreifen, sie wird ihr falsche Ratschläge geben, um den Streit noch zu verschlimmern. Wenn der Streit nun ganz leicht ist, so wird sie alles tun, um ihn ernsthafter zu machen. Dann aber, wenn sie sieht, daß der Mann doch fortfährt, diese Favoritin zu bevorzugen, so wird sie die Rolle wechseln, und sie wird sich Mühe geben, mit ihr selbst in gute Beziehungen zu kommen, damit sie dem Unwillen des Mannes entgeht.
Soviel über das Betragen der ältesten Frau.
Die jüngste Frau betrachtet die älteste Frau als ihre Mutter, und sie wird niemand, nicht einmal ihren Eltern ein Geschenk geben, ohne sie vorher gefragt zu haben. Sie wird alles mit ihr teilen, was ihr gehört, sie wird sie von allem unterrichten, was sie betrifft, und sie wird sich dem Manne niemals ohne ihre Einwilligung nähern. Keiner Menschenseele wird sie die Geheimnisse verraten, welche die älteste Frau ihr anvertraut. Sie wird ihren Kindern mit größter Sorgfalt als ihren eigenen Kindern begegnen. Wenn sie mit ihrem Gatten allein ist, wird sie ihm in jeder Weise dienen, aber nie wird sie sich darüber beklagen, daß eine ihrer Nebenbuhlerinnen ihr Kummer macht. Sie trachte danach, in aller Heimlichkeit besondere Zeichen seiner Gunst zu erhalten. Sie wird ihm sagen, daß sie nur für ihn lebt und für die Gunst, die er ihr bezeigt. Aber sie vertraue niemandem ihre Liebe zu ihrem Gatten an, noch schwatze sie von der Liebe ihres Gatten zu ihr, sei es im Stolz, sei es im Zorn. Denn eine Frau, welche die Geheimnisse ihres Mannes preisgibt, verfällt seiner Verachtung. Gonardiya sagt, aus Furcht vor der ältesten Gattin soll sie nur danach trachten, ganz im Geheimen von ihm besonders ausgezeichnet zu werden. Wenn die älteste Frau von ihrem Manne verstoßen wird oder unfruchtbar ist, so bezeige sie ihr Sympathie, auch bitte sie den Mann, gut mit ihr zu sein. Vor allen Dingen suche sie eine andere dadurch zu überwinden, daß sie den Lebenswandel einer keuschen, ehrbaren Gattin führt.
So steht es um das Verhalten der jüngsten gegen die älteste Frau.

II

Eine arme Witwe oder eine schwache Natur, die sich, wegen der Schwäche ihrer fleischlichen Natur, wieder einem Manne zugestellt, heißt eine Wiederverheiratete.

Die Schüler Babhravyas sagen, daß eine Witwe keinen Mann heiraten sollte, den sie eines Tages wieder verlassen müßte, sei es wegen seines schlechten Charakters, sei es, weil ihm die Haupteigenschaften des Mannes fehlen. Gonardiya ist der Meinung, daß eine Frau sich nur in der Hoffnung, glücklich zu werden, wiederverheiratet. Da das Glück vor allen Dingen von den guten Eigenschaften des Mannes abhängt, die neben der Liebe zu den Freuden des Lebens vorhanden sein müssen, so ist das Beste für sie, von Anfang an einen Mann zu wählen, der diese Eigenschaften besitzt. Vatsyayana lehrt, daß eine Witwe den heiraten kann, der ihr gefällt und der ihr als der rechte Mann erscheint, sie glücklich zu machen.

Bei der Hochzeit soll die Witwe von ihrem Mann das notwendige Geld erbitten, um Feste zu geben, um ihren Verwandten Mahlzeiten zu rüsten, um ihnen und ihren Freunden Geschenke zu machen. Oder sie tut das alles, wenn sie das vorzieht, auf ihre eigenen Kosten. Sie kann den Schmuck ihres Mannes oder ihren eigenen Schmuck tragen. Über die Liebesgeschenke, die zwischen ihnen ausgetauscht werden, gibt es keine genauen Vorschriften. Wenn sie nach der Hochzeit aus eigenem Antriebe den Mann verläßt, so muß sie ihm alles zurückgeben, was er ihr geschenkt hat, nur die gegenseitigen Geschenke werden nicht zurückgegeben. Wird sie aber von ihrem Mann aus dem Hause geworfen, so hat sie nichts zurückzugeben.

Nach der Hochzeit wird sie im Hause des Mannes als eines der ersten Glieder der Familie leben. Aber sie soll die anderen Frauen mit Güte, die Dienstboten mit Großmut behandeln, alle Freunde des Hauses mit Freundlichkeit und guter Laune. Sie soll zeigen, daß sie in den vierundsechzig Künsten erfahrener ist als die anderen Frauen des Hauses. Wenn sie einen Streit mit ihrem Mann hat, so sei sie nicht roh und heftig zu ihm, sondern sie gebe sich vielmehr besondere Mühe, ihm zu gefallen, alles zu tun, was er wünscht, und vierundsechzig Arten der Liebeskunst lassen sie zu seiner Freude spielen ... Sie sei höflich und gefällig gegen die anderen Frauen im Hause, sie gebe ihnen und ihren Kindern Geschenke, sie diene ihnen mit Beflissenheit und mache ihnen Schmuck und Spielsachen. Sie soll den Freunden und Dienern ihres Mannes mehr Vertrauen entgegenbringen als die anderen Frauen. Endlich soll sie immer an Festgelage denken, an Gastmähler, an Vergnügungen und Feste, an alle Arten von Spiel und Unterhaltung, um dem Manne zu gefallen.

So hat die wiederverheiratete Frau ihr Benehmen einzurichten.

Eine Frau, die von ihrem Manne nicht geliebt, die von den anderen Frauen verfolgt wird, soll sich mit der Lieblingsfrau des Mannes anfreunden und sie alle Künste lehren, die sie selbst kennt. Sie soll den Kindern ihres Mannes als Amme dienen. Sie sichere sich die Zuneigung seiner Freunde und lasse durch ihren Mund den Manne wissen, wie sehr sie ihm ergeben ist. Sie gebe den Ansporn zu frommen Handlungen, zu Gelübden, zu Fasten, ohne aber von sich selbst eine zu gute Meinung zu fassen. Wenn ihr Mann zu Bett liegt, so suche sie ihn nur auf, wenn ihm das angenehm ist, niemals mache sie ihm Vorwürfe, niemals zeige sie ihm schlechte Laune. Wenn der Mann Streit mit einer seiner anderen Frauen hat, so versöhne sie die Streitenden. Wenn der Mann im Geheimen eine andere Frau zu besitzen wünscht, so vermittle sie die Zusammenkunft. Sie trachte auch, daß sie sich stets Rechenschaft über die Charakterschwächen ihres Mannes geben kann, aber sie behalte diese Dinge ganz und gar für sich. Sie soll sich überhaupt so betragen, daß er sie nur als eine ihm ergebene und gute Frau betrachten kann.

Soviel über das Benehmen der Frau, die nicht von ihrem Mann geliebt wird.

Aus dem Gesagten kann man auch sehen, wie sich die Frauen im Harem des Königs zu betragen haben, denn auch dort gibt es ja eine Rangordnung unter den Frauen.

Wir haben daher jetzt nur noch vom König zu sprechen.

Die im Harem angestellten Frauen haben drei Klassen. Die Frauen des ersten Ranges heißen Kanchukiyas 1), die des zweiten Mahallarikas 2) und die des dritten Mahallikas 3).

---

1) Kanchukiyas heißen Frauen der Zenana des Königs in alten Zeiten, weil sie stets die Brüste mit einem Stoff bedeckt hatten, der Kanchuki genannt wurde. Es war ehemals Sitte, daß die Dienerinnen ihre Brüste bedecken mußten, während die Königinnen die Brust unbedeckt trugen.

2) Höhere Angestellte. Man kann also sagen, daß eine Mahallarika über die anderen Angestellten des Harems eine gewisse Autorität ausübt.

3) Auch dieses Wort zeigt einen gewissen Rang unter den Haremsdienerinnen an. Diese Mahallikas wurden in späteren Zeiten durch Eunuchen ersetzt.

II

Diese Dienerinnen überreichen dem König Geschenke seiner Frauen: Blumen, Salben und Gewänder. Wenn der König diese Gegenstände angenommen hat, macht er sie den Dienerinnen zum Geschenk, ebenso wie die Gewänder, die er am voraufgehenden Tage getragen hat. Nachmittags besieht der König, mit seinen Juwelen geschmückt, den Harem, wo zu dieser Stunde die Frauen herrlich geziert seiner harren. Nachdem er jeder einzelnen ihren Platz zugewiesen hat, beginnt er mit ihnen eine allgemeine fröhliche Unterhaltung. Nach ihnen besucht er die wiederverheirateten jungfräulichen Witwen und später die Nebenfrauen niederen Ranges und die Tänzerinnen. Die Besuche bei den Frauen dieser letzten drei Rangklassen finden in den einer jeden zustehenden Gemächern statt.

Sobald der König sich von seiner Mittagsruhe erhoben hat, erscheint die Kammerfrau, um ihm anzuzeigen, welche der Gemahlinnen die Nacht bei ihm zu verbringen hat. Sie wird von den Dienerinnen dieser Erwählten begleitet. Sie zeigt dem König an, welche Frau an der Reihe ist, welche vielleicht irrtümlicherweise, oder weil sie gerade an dem bestimmten Tage die Regel hatte, übergangen worden ist. Die Dienerinnen stellen vor dem König Salben und Wohlgerüche nieder, welche von diesen Frauen gesandt sind: eine jede hat ihr Geschenk mit ihrem Ring gesiegelt. Die Dienerinnen nennen die Namen der Frauen und berichten, warum sie diese Geschenke senden. ... Der König wählt dann das Geschenk einer aus, diese wird verständigt und weiß nun, daß sie für die Nacht an der Reihe ist.

Da der König im allgemeinen viele Frauen hat, so ist es die Regel, daß er sie der Reihe nach zu sich kommen läßt. Da aber auf diese Art doch manchmal eine oder die andere aus den schon angeführten Gründen übergangen werden kann, haben die Frauen untereinander ausgemacht, daß diese übergangenen Frauen und diejenige, welche eigentlich an der Reihe wäre, dadurch, daß sie dem König ihre Gaben senden, eine Art von Lotterie veranstalten, so daß doch noch, durch des Königs Wahl, eine jede zu ihrem Recht kommen kann.

Bei den Festen, bei Konzerten und öffentlichen Zeremonien müssen alle Frauen des Königs mit Ehrerbietung behandelt werden. Bei solchen Gelegenheiten werden ihnen Getränke gereicht. Den Frauen des Harems wird nicht erlaubt, allein auszugehen, auch haben fremde Frauen, mit Ausnahme der gut bekannten, keinen Zutritt zu den Frauengemächern. Die Beschäftigung der Frauen im Harem darf nicht zu ermüdend sein.

Das ist über das Verhalten des Königs seinem Harem gegenüber und über die Pflichten seiner Frauen aufgezeichnet.

Ein Mann, der mehrere Frauen hat, soll alle gleichmäßig behandeln. Er soll nicht gleichgültig, aber auch nicht zu streng gegen ihre Fehler sein, auch soll er niemals der einen die Liebeskünste einer anderen, ihr Verhalten in den Stunden der Leidenschaft, ihre körperlichen Mängel und ihre geheimen Gebrechen anvertrauen. Er soll ihnen nie erlauben, von den Rivalinnen zu ihm zu sprechen, und wenn eine anfängt, von einer anderen schlecht zu reden, so soll er ihr sagen, daß sie genau dieselben Fehler hat. Der einen wird er dadurch gefallen, daß er ihr besonderes Vertrauen schenkt, einer anderen durch Rücksichtnahme auf ihre Eigenart, einer dritten durch zierliche Schmeichelei und allen, indem er sie in die Gärten führt, indem er ihnen Geschenke macht. Er erfreut sie, wenn er ihre Familien ehrt, wenn er ihnen seine Geheimnisse offenbart, vor allen Dingen aber dadurch, daß er Freude an der Geselligkeit hat.

Eine junge Frau, die stets guter Laune ist und sich den Vorschriften der heiligen Bücher unterwirft, sichert sich die Ergebenheit ihres Mannes und wird über die anderen Frauen den Sieg davontragen. So hat sich ein Mann mit mehreren Frauen zu betragen.

Fünfter Teil
Anderer Leute Frauen

I

Charakter der Männer und der Frauen – Warum die Frauen den Nachstellungen der Männer Widerstand leisten – Über Männer, welche bei den Frauen Erfolg haben und von den Frauen, deren Eroberung leicht ist

Man kann sich den Frauen eines anderen Mannes bei jenen Gelegenheiten nähern, die schon im fünften Kapitel des ersten Teiles dieses Buches aufgezählt sind.

Aber ehe man zu einem solchen Wagnis schreitet, prüfe man genau, ob es möglich sein wird, eine solche Frau zu erobern. Man gebe sich Rechenschaft über ihre Eignung zum ehelichen Zusammenleben, über die Gefahr, sich mit ihr zu vereinigen und über alle Folgen, die aus einer solchen Verbindung erwachsen können. Ein Mann darf sich der Frau eines anderen nähern, um sein eigenes Leben zu retten, sobald er bemerkt, daß seine Leidenschaft für sie so heftig wird, daß er an seinem Leibe schaden nehmen könnte. Zehn Stufengrade hat das Wachsen der Leidenschaft, und sie sind die folgenden:

1. Liebe auf den ersten Blick, sich verliebte Augen machen.
2. Anhänglichkeit des Geistes.
3. Fortwährendes Denken an den Gegenstand der Liebe.
4. Schlaflosigkeit.
5. Abmagerung des Leibes.
6. Flucht vor allen Vergnügungen und Zerstreuungen.
7. Beiseitesetzen der Schamhaftigkeit.
8. Liebeswahn.
9. Ohnmacht.
10. Der Tod aus Verzweiflung.

Die alten Autoren sagen, daß sich ein Mann Rechenschaft ablegen soll über alle Charaktereigenschaften einer Frau, über ihre Aufrichtigkeit, über ihre Reinheit, über all ihre Anlagen und Fähigkeiten, auch über die Stärke oder die Schwäche ihrer Empfindungen. Zu diesem Zwecke soll er genau ihren Körper, schon nach seiner Gestalt und Form, prüfen, auch soll er gewisse Zeichen und Merkmale suchen, die ihm Aufschluß geben können. Aber Vatsyayana ist der Meinung, daß der Körper und diese geheimen Zeichen nur trügerische Wegweiser sind und daß es nötig sei, die Frau nach ihrem Benehmen zu beurteilen, nach dem Ausdruck, den sie ihren Gedanken verleiht, und nach den Bewegungen ihrer Glieder.

Gonikaputra sagt, daß sich im allgemeinen jede Frau in Liebe für jeden schönen Mann ent-

Charakter der Männer und der Frauen I

zündet, den sie sieht und daß es seinerseits jeder Mann ebenso beim Anblick einer schönen Frau macht. Oft gehen sie aber aus verschiedenen Gründen nicht weiter. Die Folgen der Liebe sind ja für die Frau von ganz besonderer Art.

Die Frau liebt, ohne zu bedenken, was Recht und Unrecht ist. Sie versucht nicht etwa, einen Mann an sich zu ziehen, nur um dies oder das von ihm zu erlangen. Wenn sich ihr ein Mann zuerst nähert, so wird sie sich natürlicherweise von ihm entfernen, auch wenn sie im Grunde bereit wäre, sich ihm hinzugeben, sich mit ihm zu vereinigen. Aber wenn der Mann wieder und immer wieder Anstrengungen macht, um sie zu erobern, so wird sie ihm zum Schluß ihre Gunst gewähren. Der Mann im Gegenteil mäßigt sich, hält sich zurück, wenn er von der Liebe einer Frau umworben ist, indem er an die Gebote der Moral und der Weisheit denkt. Er ergibt sich nicht gleich, trotz aller Anstrengungen, welche die Frau macht, ihn zu gewinnen. Manchmal freilich macht er seinerseits Anstrengungen, die geliebte Frau zu erringen. Hat er einen Mißerfolg, so kümmert er sich nicht mehr um sie. Es kommt auch vor, daß er gleichgültig gegen eine Frau wird, wenn er sie einmal erobert hat. Man kann sagen, ein Mann liebt das nicht, was leicht zu gewinnen ist. Erst das, was schwer zu erreichen ist, macht ihm Freude.

Dies sind die Gründe, aus denen eine Frau Werbungen und Verfolgungen eines Mannes zurückweist:

1. Liebe für ihren Mann.
2. Ihr Wunsch auf legitime Nachkommenschaft.
3. Mangel an Gelegenheit.
4. Zorn darüber, daß sich ein Mann ihr zu vertraulich nähert.
5. Unterschiede in der gesellschaftlichen Stellung zwischen ihnen.
6. Unsicherheit, da sie weiß, daß der Mann bald wieder weitergehen wird.
7. Der Verdacht, daß der Mann noch einer anderen Person zugetan sein kann.
8. Furcht vor der Indiskretion des Mannes.
9. Die Vorstellung, daß er seinen Freunden zu sehr ergeben, daß er ihnen zu willfährig ist.
10. Furcht, daß er nicht aufrichtig wäre.

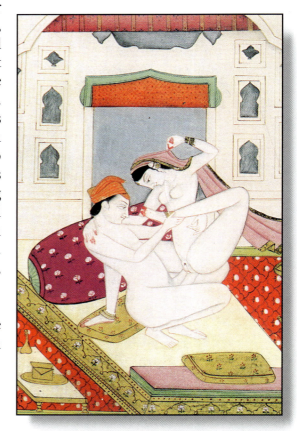

Charakter der Männer und der Frauen I

11. Eine Art von Scheu, weil es sich um einen berühmten Mann handelt.
12. Furcht, daß seine Leidenschaft zu groß, zu mächtig sein könnte für eine kleine, zarte Frau, eine „Gazelle"
13. Eine Art von Scham, weil er in den Liebeskünsten zu geschickt erscheint.
14. Die Erinnerung an eine vergangene Zeit, in der sie befreundet waren.
15. Sie ist gekränkt über sein ungewandtes Wesen.
16. Befürchtungen, daß er einen niedrigen Charakter haben könnte.
17. Ärger, wenn er nicht zu bemerken scheint, daß man ihm entgegenkommt.
18. Bei einer sehr rassigen Frau auch die Befürchtung, daß er ein zu mattes, ein Hasentemperament haben könnte...
19. Furcht, daß ihm durch ihre Leidenschaft für ihn etwas Übles begegnen könnte.
20. Furcht vor ihrer eigenen Unvollkommenheit, seiner nicht würdig zu sein.
21. Furcht vor Entdeckung.
22. Enttäuschung darüber, daß sie plötzlich graue Haare bei ihm entdeckt oder irgend etwas Abstoßendes in seinen Zügen.
23. Befürchtung, er könnte von ihrem Mann aufgestachelt sein, um sie auf die Probe zu stellen.
24. Endlich noch die Vermutung, er könnte zu viele moralische Bedenken haben.

Was nun der Mann von diesen Ursachen wahrnimmt, das soll er von Anfang an zerstören. Die Furcht vor seiner hohen Stellung, vor seiner großen Fähigkeit überwindet er z. B. dadurch, daß er

Charakter der Männer und der Frauen I

Beweise seiner leidenschaftlichen Liebe gibt. Wenn die Frau klagt, daß sie keine Gelegenheit hat, daß es zu schwierig für sie wäre, zu ihm zu kommen, so wird er trachten, ihr das leicht zu machen. Wenn sie zuviel Ehrfurcht vor ihm hat, so wird er sie kühner machen, indem er sie ganz vertraulich, ganz wie seinesgleichen behandelt. Argwöhnt sie, daß er einen niedrigen Charakter hätte, so wird er Proben seines Wertes und seiner Weisheit geben. Klagt sie ihn der Vernachlässigung an, so wird er mit seiner Steigerung seiner Aufmerksamkeit antworten. Wenn sie furchtsam ist, wird er sie ermutigen und ihre Befürchtungen zerstreuen.

Die Männer, die allgemein Erfolg bei den Frauen haben, sind im folgenden aufgezählt:

1. Die in der Liebeskunst wohlerfahrenen Männer.
2. Männer, die gut erzählen können.
3. Männer, die den Frauen seit ihrer Kindheit bekannt sind.
4. Männer, die ihr Vertrauen erworben haben.
5. Männer, die gern Geschenke machen.
6. Männer, die gut zu sprechen wissen.
7. Männer, die alles nach dem Geschmack der Frauen einzurichten verstehen.
8. Männer, die noch keine anderen Frauen geliebt haben.
9. Männer, welche Botenrollen übernehmen können.
10. Männer, welche die schwachen Seiten der Frauen kennen.
11. Männer, die von ehrbaren Frauen begehrt werden.
12. Männer, die mit den Freunden der Frauen Beziehungen haben.
13. Schöne Männer.
14. Männer, die zusammen mit den Frauen erzogen sind.
15. Männer in ihrer Nachbarschaft.
16. Männer, die den Liebesfreuden sehr ergeben sind, auch dann, wenn es ihre eigenen Diener sind.
17. Die Liebhaber der Töchter ihrer Amme.
18. Vor allen Dingen verheiratete Männer.
19. Männer, welche die Geselligkeit und ihre Freuden lieben.
20. Männer von aufgeklärtem Wesen und einem freimütigem Charakter.
21. Männer, die als sehr stark in Liebesdingen bekannt sind (Die sogenannten Stiere).
22. Kühne und unternehmende Männer.
23. Männer, die den eigenen Gatten an Ansehen und Lebensart, an guten

Charakter der Männer und der Frauen I

Eigenschaften und Liebenswürdigkeit übertreffen.
24. Männer, die sich gut kleiden und auf großem Fuße leben.

Die Frauen, die leicht zu gewinnen sind, werden im folgenden aufgezählt:
1. Frauen, die gern am Haustor stehen.
2. Frauen, die viel in den Straßen zu sehen sind.
3. Frauen, die ihre Zeit mit Geschwätz und Klatschereien in den Nachbarhäusern verbringen.
4. Eine Frau, die stets die Augen auf einen Mann richtet.
5. Eine Botin.
6. Eine Frau, die Seitenblicke auf die Männer wirft.
7. Eine Frau, deren Mann eine neue Frau ohne rechte Ursache ins Haus genommen hat.
8. eine Frau, die ihren Mann verabscheut oder von ihm verabscheut wird.
9. Eine Frau, die niemand hat, der sie überwacht und ihr einen Rückhalt bietet.
10. Eine Frau, die keine Kinder gehabt hat.
11. Eine Frau, deren Familie nicht vornehm oder deren Kaste niedrig ist.
12. Eine Frau, deren Kinder gestorben sind.
13. Eine Frau, die sehr viel auf die Freuden des gesellschaftlichen Lebens gibt.
14. Eine Frau, die vor der Welt sehr zärtlich mit ihrem Mann tut.

Charakter der Männer und der Frauen I

24. Eine Frau, die von ihrem Mann ohne Grund mißhandelt wird.
25. Eine Frau, die von ihresgleichen an Rang und Schönheit nicht geachtet wird.
26. Eine Frau, deren Mann viel auf Reisen ist.
27. Die Frau eines Juweliers.
28. Eine eifersüchtige Frau.
29. Eine geldgierige, habsüchtige Frau.
30. Eine Frau ohne Moral.
31. Eine unfruchtbare Frau.
32. Eine Nichtstuerin.
33. Eine lockere Person.
34. Eine Bucklige.
35. Eine Zwergin.
36. Eine verunstaltete Frau.
37. Eine gemeine Person.
38. Eine übelduftende Frau.
39. Eine kranke Frau.
40. Eine alte Frau.

Auch über diese Dinge gibt es alte Verse, die also lauten:

„Der Liebeswunsch, gegeben von der Natur, wächst durch die Kunst und wird, wenn die Weisheit jede Gefahr aus dem Wege geräumt hat, stark und sicher. Ein aufrechter, ganzer Mann, der seiner Geschicklichkeit vertraut und genau die Gedanken und Ideen der Frauen kennt und beobachtet, der die Ursachen zerstören weiß, die sie zwingen, sich den Männern fernzuhalten, wird in der Regel sein Glück bei ihnen finden".

15. Die Witwe eines Schauspielers.
16. Eine Witwe überhaupt.
17. Eine Arme.
18. Eine vergnügungssüchtige Frau.
19. Die Frau eines Mannes, der mehrere jüngere Brüder hat.
20. Eine Frau, die unebenbürtig verheiratet ist.
21. Eine eingebildete Frau.
22. Eine Frau, die durch den Wahnsinn ihres Mannes in Verwirrung geriet.
23. Eine Frau, die als Kind an einen reichen Mann verheiratet worden ist und, erwachsen, lieber einen anderen haben möchte, der ihr besser entspricht, durch seinen Charakter, seine Fähigkeiten, seine Weisheit.

Wie man sich einer Frau nähert und mit welchen Mitteln man sie erobert II

Die alten Autoren sind der Meinung, daß die jungen Mädchen sich weniger leicht durch eine Botin verführen lassen als durch eigenes Bemühen des Mannes, daß aber im Gegenteil die verheirateten Frauen viel eher zu gewinnen sind durch Zwischenträgerinnen als durch den Mann selbst. Vatsyayana meint dagegen, daß der Mann stets, wo es nur immer möglich wäre, selbst handeln sollte und daß er nur dann, wenn sein eigenes Eingreifen noch ganz unmöglich wäre, seine Zuflucht zu einer Botin nehmen sollte. Daß man sagt, die kühnen und unternehmenden Frauen ließen sich lieber durch den Mann erobern, während die furchtsamen besser durch eine Botin willfährig gemacht würden, ist nur Rederei.

Handelt ein Mann selbst, dann muß er zuerst die persönliche Bekanntschaft der geliebten Frau machen. Das wird auf folgende Weise ins Werk gesetzt:

1. Er richtet es so ein, daß er bei passender oder bei einer besonders herbeigeführten Gelegenheit von der Frau gesehen wird. Die Gelegenheit ergibt sich von selbst, wenn sich einer von beiden in das Haus des anderen begibt. Künstlich herbeigeführte Gelegenheiten, wenn sie sich bei einem Freunde treffen, oder bei einem Angehörigen derselben Kaste, bei einem hohen Beamten oder bei einem Arzt, bei Hochzeiten, bei Festmählern, bei Leichenbegängnissen und Gartenfesten 1).

2. Wo und wie sie sich aber auch treffen, der Mann muß Sorge tragen, die Frau so anzuschauen, daß sie schon aus seinem Blick den Zustand seiner Seele, seine Gemütsverfassung erkennen kann. Er wird sein Taschentuch hervorziehen, er wird mit seinen Nägeln ein Geräusch machen, er wird seine Schmuckstücke zusammenklingen lassen, oder er wird an seiner Unterlippe nagen oder andere Zeichen dieser Art machen. Beachtet sie ihn, wird er zu seinen Freunden von ihr und anderen Frauen sprechen, und er wird sich dabei von einer vorteilhaften Seite zeigen, wird sich auch als ein

1) Gartenfeste waren in Indien sehr häufig. Sie waren nicht immer bloß gesellschaftliche Angelegenheiten, sondern zeigten auch öfters religiöse Motive als Anlaß.

Wie man sich einer Frau nähert und mit welchen Mitteln man sie erobert II

Freund eines fröhlichen Lebens bekennen. Wenn er neben einer Bekannten sitzt, soll er gähnen, soll sich strecken, als ob er sehr müde wäre, er soll die Augenbrauen runzeln und sehr langsam sprechen und gleichgültig und zerstreut zuhören. Er kann mit einem Kinde oder einer anderen Person auch ein Gespräch anfangen, daß sich zum Schein um eine dritte Person dreht, in Wahrheit aber die Frau zum Gegenstande hat, die er liebt. So kann sie sein Herz kennenlernen, wenn er sich auch den Anschein gibt, sich mehr mit den anderen als mit ihr selbst zu beschäftigen. Mit den Nägeln oder mit einem Stocke wird er in den Erdboden Zeichen eingraben, die sich an sie wenden. Er kann in ihrer Gegenwart ein Kind umarmen und küssen, er kann diesem Kinde mit seiner Zunge eine Mischung aus Betelnuß und Betelblättern ins Mäulchen schieben, er kann ihm mit einer Gebärde der Zärtlichkeit das Kinn streicheln und drücken. Er wird das alles zu geeigneter Zeit, am rechten Platze tun.

3. Der Mann liebkost ein Kind, daß auf den Knien der geliebten Frau sitzt und gibt ihm irgend ein Spielzeug, das er ihm gleich wieder wegnimmt. Er kann auch mit der Frau ein Gespräch über das Kind beginnen, so daß er sich langsam, Schritt für Schritt vertraulicher mit der Frau stellt. Er soll sich auch Mühe geben, sich ihren Eltern angenehm zu machen. Ist die Bekanntschaft einmal geschlossen, so ist schon ein Vorwand gefunden, sie in ihrem Hause oft zu besuchen. Wenn sie nicht im Zimmer, aber doch in der Nähe ist, daß sie ihn hören kann, so fange er an, über Liebesfragen, Liebesdinge zu sprechen. Ist die Bekanntschaft näher geworden, so vertraue er ihrer Obhut Geld oder Wertgegenstände an, und er hole hin und wieder dies und das davon zurück. Auch Wohlgerüche oder Betelnüsse gebe er ihr, mit der Bitte, sie für ihn aufzubewahren. Ist er soweit, so tue er sein Möglichstes, um sie zur Freundin seiner eigenen Frau zu machen. Er lade sie in seine Frauengemächer ein, ermuntere sie, freundschaftliches Vertrauen zu seiner eigenen Frau zu fassen und mit ihr manche einsame Stunde an vertrautem Orte zu verbringen. Sind die Beziehungen auf diese Art rege geworden, so wird er es einzurichten wissen, daß die beiden Familien denselben Silberschmied, denselben Juwelier, denselben Maler, denselben Wäscher haben. Er wird dann der Frau ohne jede Heimlichkeit lange Besuche abstatten, unter dem Vorwand, daß er mit ihr über Geschäfte und häusliche Verrichtungen zu sprechen habe. So wächst eines aus dem anderen, und sie werden immer vertrauter miteinander. Wenn sie irgend etwas wünscht, wenn sie Geld gebraucht, wenn sie in dieser oder jener Kunst Geschicklichkeit erlangen will, so wird er sie davon überzeugen, daß er den Willen und die Macht hat, alles zu tun, was sie wünscht, daß er ihr allerlei Künste beibringen, daß er ihr auch Geld geben kann. Er wird mit ihr in Gegenwart anderer Personen den und jenen kleinen Streit, diese und jene Meinungsverschiedenheit ausfechten, er wird von dem sprechen, was er einst gesagt und getan hat, und er wird mit ihr

Wie man sich einer Frau nähert und mit welchen Mitteln man sie erobert II

diesen und jenen Gegenstand, Schmucksachen und Kostbarkeiten etwa, auf ihren Wert prüfen und untersuchen lassen. Bei solchen Gelegenheiten zeigt er ihr Dinge, die sie noch nicht kennt. Ist sie nicht seiner Meinung über solche Dinge und ihren Wert, so wird er ihr nicht widersprechen, sondern ihr sagen, daß er stets ihrer Meinung wäre.

Das ist die rechte Art, die Bekanntschaft einer geliebten Frau zu machen.

Wenn ein junges Mädchen auf diese Art mit einem Manne vertraut geworden ist, wenn es ihm durch verschiedene Zeichen seine Liebe zu verstehen gegeben hat, so darf der Mann alles tun, um es ganz zu erobern. Aber da die jungen Mädchen noch nicht die Geheimnisse der Liebesvereinigung kennen, so müssen sie mit der äußersten Zartheit und Schonung behandelt werden. Der Mann darf keine Vorsichtsmaßregeln außer Acht lassen. Das ist, wohlverstanden, bei den anderen Frauen, die den Liebesverkehr schon kennen, nicht notwendig. Wenn die Meinungen des jungen Mädchens über einen Mann nicht mehr zweifelhaft sind, wenn es seine jungfräuliche Schüchternheit beiseite zu setzen beginnt, so fängt der Mann an, von seinem Gelde klugen Gebrauch zu machen. Sie werden dann Kleider, Blumen und Geschenke austauschen. Der Mann wird besonders darauf achten, daß seine Geschenke schön und kostbar sind. Sie wird ihm eine Mischung aus Betelnüssen und Betelblättern geben. Gehen sie zusammen zu einer Festlichkeit, so wird der Mann die Frau um die Blume bitten, die sie im Haar oder in der Hand trägt.

Gibt er ihr eine Blume, so soll sie süße Düfte ausströmen, und sie soll Zeichen tragen, die er mit seinen Nägeln oder seinen Zähnen in ihre Blätter eingegraben hat. Nach und nach wird er ihre Furchtsamkeit überwinden, und er wird sie schließlich an einen einsamen und sicheren Ort bringen, wo er sie umarmen und küssen kann. Endlich, wenn er ihr eine Betelnuß gibt oder eine solche von ihr erhält, oder wenn sie Blumen austauschen, wird er sie an geheimen Orten ihres Körpers zärtlich drücken und pressen, und er wird so seinen Anstrengungen eine befriedigende Krönung geben. Wenn ein Mann eine Frau verführen will, so darf er sich in derselben Zeit nicht damit beschäftigen, noch eine andere zu verführen. Aber wenn er bei der ersten Erfolg gehabt hat und sich ihrer Gunst eine Zeit lang erfreut hat, so kann er ihr immer weiter seine Zuneigung dadurch beweisen, daß er ihr Geschenke macht, die ihr gefallen, aber er kann doch schon anfangen, eine andere Schöne zu belagern. Wenn ein Mann sieht, daß sich der Gatte einer geliebten Frau nahe bei seinem Hause anderen Vergnügungen hingibt, so wird er sich enthalten, die Frau zu erobern, selbst dann, wenn sie leicht erobert werden könnte. Ein weiser Mann, der auf seinen Ruf bedacht ist, denkt nicht daran, eine furchtsame, ängstliche Frau zu verführen, die gut bewacht ist und ihre Schwiegereltern besitzt.

Wie man das Wesen einer Frau prüft III

Wenn ein Mann eine Frau verführen will, soll er ihr Wesen genau prüfen, und zwar auf die folgende Art und Weise:

Wenn sie ihn anhört, ohne ihm in irgendeiner Weise ihre eigenen Wünsche zu verraten, soll er versuchen, sie durch eine Zwischenträgerin zu gewinnen.

Wenn er sich einmal mit ihr getroffen hat, und wenn sie dann zu einem zweiten Stelldichein besser gekleidet als das erste Mal erscheint, oder wenn sie einverstanden ist, ihn an einem einsamen Orte zu sehen, so kann er sicher sein, daß er mit etwas Ungestüm sein Ziel erreichen wird. Eine Frau, die sich von einem Mann lang den Hof machen läßt, ohne sich ihm aber hinzugeben, kann als eine Falschspielerin der Liebe angesehen werden. Aber bei der Unbeständigkeit der menschlichen Seele ist es auch möglich, schließlich auch über eine solche Frau zu triumphieren, wenn man nur lange genug Geduld hat.

Wenn eine Frau den Aufmerksamkeiten eines Mannes, seinen Werbungen und Bemühungen keine Beachtung schenkt, sei es aus Ehrerbietung vor ihm, sei es aus persönlichem Stolz, wenn sie sich zu keinem Stelldichein bereit finden lassen will, so kann man, freilich mit einigen Schwierigkeiten, auch bei ihr zum Ziele kommen, wenn man sich einer sehr geschickten Vermittlerin bedient.

Wenn ein Mann einer Frau den Hof macht und sie stößt ihn mit beleidigenden Worten zurück, so soll er fortfahren, ihr mit allen Mitteln den Hof zu machen.

Wenn eine Frau mit einem Mann ein Stelldichein hat und sich dabei von ihm am Fuß berühren läßt, wenn sie sich aber, dank der Unsicherheit, der Furchtsamkeit ihres Charakters die Miene gibt, nichts davon bemerkt zu haben, so kann sie mit Geduld und ausdauernden Bemühungen gewonnen werden, und zwar in folgender Weise:

Wenn sie in seiner Nähe einschläft, so umarme er sie mit seinem linken Arm, und er beobachte genau, ob sie ihn beim Erwachen heftig wegstoßen wird oder nur in der Art, daß er bitten soll, sie wieder umarmen zu dürfen. Was so mit dem Arm getan wird, kann auch mit dem Fuß gemacht werden. ... Hat der Mann auf diese Art Erfolg, so umarme er sie enger und inniger. Wenn sie nicht umarmt werden will, wenn sie sich erhebt, aber fortfährt, ihn so wie am voraufgehenden Tage, also freundlich zu behandeln, so kann er sicher sein, daß sie nicht mehr weit davon entfernt ist, sich

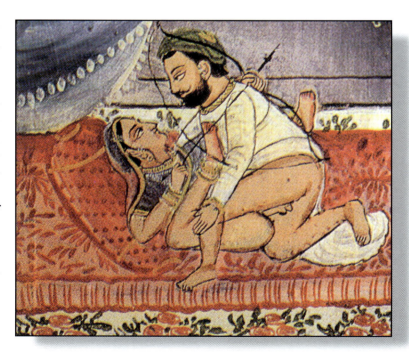

Wie man das Wesen einer Frau prüft III

1. Sie spricht einen Mann an.
2. Sie zeigt sich an geheimen Orten.
3. Sie zittert, wenn sie mit ihm spricht und verwirrt sich in ihrer Rede.
4. Finger und Zehen sind ihr naß vom Schweiß und ihr Gesicht strahlt vor Vergnügen.
5. Sie bemüht sich, ihn zu massieren und ihm den Kopf kneten zu dürfen.
6. Wenn sie ihn massiert, so arbeitet sie nur mit einer Hand und berührt indessen mit der anderen heimliche Teile seines Körpers.
7. Sie läßt plötzlich beide Hände auf seinem Körper ruhen, ohne sich zu bewegen, als wäre sie über etwas überrascht, oder als wäre sie vor Ermüdung erschöpft.
8. Hin und wieder beuge sie ihr Gesicht über seine Lenden, und wenn er sie bittet, ihm auch die Lenden und die Schenkel zu massieren, so zeige sie nicht den mindesten Ekel oder Widerwillen.
9. Dabei legt sie dann eine ihrer Hände unbeweglich an seinen Körper. Sie darf sie erst dann wegziehen, wenn der Mann sie lange in der Zange seiner Glieder gepreßt hat.
10. Wenn sie dann zum Schluß allen Versuchen des Mannes, ans Ziel zu kommen, widerstanden hat, so kommt sie am nächsten Tage wieder, um ihn von neuem zu massieren.

ihm zu ergeben. Kommt sie nicht mehr zu ihrem üblichen Stelldichein, so versuche der Mann, sie durch eine kluge und gewandte Vermittlerin zu erobern. Erscheint sie nach einiger Zeit wieder und behandelt ihn wie sonst, so kann der Mann daraus den Schluß ziehen, daß sie keine Bedenken mehr hat, sich mit ihm zu vereinigen.

Wenn eine Frau einem Manne die gute Gelegenheit bietet und ihm deutliche Zeichen ihrer Liebe gibt, so ist es geradezu seine Pflicht, ihren Umgang zu genießen.

Auf folgende Art kann eine Frau einem Manne ihre Zuneigung offenbaren:

Wenn eine Frau einem Manne kein Zeichen der Ermutigung gibt, ihm aber auch nicht gerade ausweicht, sich jedoch gern an verborgenen Orten versteckt hält, so kann man sie wohl mit Hilfe einer Dienerin aus ihrer Umgebung gewinnen. Wenn sie trotz einer Botschaft eines Mannes bei ihrem Wesen verharrt, so muß man seine Zuflucht zu einer geschickten Kupplerin nehmen. Aber wenn sie sich dann auch noch weigert, dem Manne etwas Freundliches sagen zu lassen, so soll sich der Mann wohl überlegen, ob er seine Anstrengungen fortsetzt.

Auf diese Art und Weise wird das Wesen einer Frau erforscht und geprüft.
Ein Mann darf sich als Erster bei einer Frau einführen, daß heißt er darf, ohne gegen die gesellschaftlichen Regeln zu verstoßen, den Verkehr mit ihr suchen und anfangen. Er beginnt damit, daß er ihr einige Liebesworte sagt, daß er kleine Plänkeleien der Liebe beginnt. An ihren Antworten merkt man sofort, wie sie ihn und sein Beginnen aufnimmt. Steht die Sache günstig, so mache er sich gleich, ohne Furcht und Zaudern, ans Werk, um ans Ziel zu kommen. Eine Frau, die beim ersten Zusammensein durch äußere Zeichen ihre Liebe verrät, wird sehr leicht zu gewinnen sein. Ebenso ist es mit einer leichtfertigen Frau, welche, sobald man von Liebe zu ihr spricht, in derselben Weise antwortet; eine solche Frau darf man schon im ersten Augenblick als gewonnen betrachten.

In Anbetracht aller Frauen, mögen sie weise, einfach oder zutraulich sein, kann man sagen, daß diejenigen leicht zu gewinnen sein werden, die offen ihre Liebe und ihr Liebesverlangen zeigen.

Pflichten einer Kupplerin IV

Wenn eine Frau beim ersten Stelldichein ihre Liebe oder ihren Wunsch nach einer Liebesvereinigung gezeigt hat, sei es durch Worte, durch Zeichen, durch Bewegungen ihres Körpers, wenn sie sich dann aber in der Folge nur selten oder gar nicht mehr sehen und sprechen läßt, so muß der Mann sie mit einer Kupplerin beschleichen, um an sein Ziel zu kommen.

Zuerst muß sich die Kupplerin das Vertrauen der Frau erwerben. Sobald ihr das gelungen ist, muß sie mit ihr kunstvoll auf ein bestimmtes Ziel gerichtete Gespräche führen, die darauf hinauslaufen, daß die Frau anfängt, ihren Mann zu hassen oder zu verachten. Sie kann ihr von Zaubertränken erzählen, die man anwendet, um Kinder zu bekommen, sie muß ihr alle möglichen Geschichten über die Nachbarn erzählen, allerlei Ungünstiges auch über andere Frauen, aber sie muß vor allen Dingen ihre eigene Schönheit, Güte, Liebenswürdigkeit, Freigebigkeit loben, sie muß der Frau vorstellen, welch ein glückliches Temperament sie besitzt und wie sie deswegen recht zum Glück der Liebe geschaffen sei. Sie muß ihr dann etwa sagen: „Es ist wirklich s e h r ärgerlich, daß eine Frau wie Ihr unter der Herrschaft eines solchen Mannes steht. Schöne Frau, er ist kein Kavalier für Euch". Die Kupplerin wird der Frau weiter erzählen, daß ihr Mann nur noch wenig für sie empfände, daß er aber sehr eifersüchtig wäre. Sie wird ihr beibringen, daß er von schurkischer Gesinnung, daß er undankbar wäre, sie wird ihr vorhalten, wie wenig er dafür Sorge trägt, daß seine Frau ein wenig Freude am Leben genießen könnte. Kurz, sie wird alle Fehler und Gebrechen des Mannes hervorsuchen und sie der Frau recht deutlich machen. Sobald sie dann merkt, daß die Frau über einen Fehler ihres Mannes besondere Empörung zeigt, so hat sie die Möglichkeit, an dieser Stelle den Hebel anzusetzen, um weiterzukommen. Wenn die Frau eine Gazelle ist und der Mann ein Hase, dann hat das nichts zu sagen. Wenn sie aber eine „Stute" oder gar eine „Elefantin" ist – Bezeichnungen, die man für die in der Liebe sehr bedürftigen Frauen anwendet – während der Mann

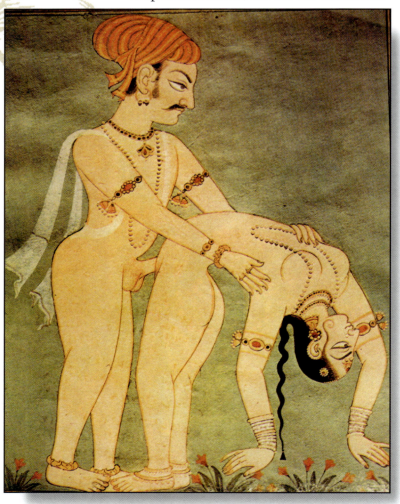

Pflichten einer Kupplerin IV

ein Hase ist, so hat sie leicht, darzulegen, daß dieser Mann und diese Frau nicht zusammenpassen.

Gonikaputra sagt, wenn eine Frau noch vor ihrem ersten Fehltritt steht, oder vor ihrem ersten Seitensprung, oder wenn sie dem Manne ihre Liebe nur auf eine sehr zarte und vorsichtige Art und Weise angedeutet hat, so soll man ihr eine Kupplerin schicken, die der Frau schon bekannt ist und schon ihr Vertrauen gewonnen hat.

Aber kehren wir zu unserem ersten Paar zurück.

Die Kupplerin wird dann, im Gegensatz zum Manne der Frau, den Liebhaber auf alle mögliche Weise herausstreichen, und wenn sie dann sieht, wie die Zuneigung und das Vertrauen der Frau wächst, wird sie ihr sagen:

„Hört mich an, schöne Dame! Da ist ein Mann, der Euch gesehen und der darüber ganz den Kopf verloren hat. Der arme junge Mann mit seinem guten, gefühlvollen Herzen! Niemals hat er eine so schwere Prüfung zu bestehen gehabt, und ich fürchte, daß er seinem Kummer zum Opfer fällt, ja, es ist wohl möglich, daß er an seiner unglücklichen Liebe zu Euch sterben wird".

Schenkt die Frau diesen Worten ein günstiges Gehör, so wird die Kupplerin, die natürlich genau beobachten muß, wie die Dame solche Lobpreisungen eines Liebhabers aufnimmt, am nächsten Tage wiederkommen und wird der Frau alte, berühmte Geschichten erzählen, z.B. die Geschichte von Ahalya, der Frau des weisen Gautama, die von Indra, dem König der Götter, verführt wurde, oder Geschichten von Sakuntala, von Dushyanta und anderen, die gut zu ihrer Sache passen. Sie wird die Stärke, die Kraft des Liebhabers rühmen, seine Fähigkeiten, sein Geschick in den vierundsechzig Künsten der Liebesfreuden, die Babhravaya aufgezeichnet hat. Sie wird auch seine Schönheit rühmen, seine Beziehungen zu einer großen Dame andeuten, gleichgültig, ob solche in Wirklichkeit bestehen oder nicht.

Genau wird sich die Kupplerin merken, wie die Frau sich ihr gegenüber beträgt. Wenn sie dem Unternehmen freundlich gesinnt ist, so wird sie die Botin gern empfangen, sie wird ihr mit lächelnder Miene zuhören, sie wird sie dicht neben sich niedersetzen lassen und wird sie fragen: „Wo bist du gewesen? Was hast du

Pflichten einer Kupplerin IV

gemacht? Wo hast du gespeist? Wo hast du geschlafen? Neben wem hast du gesessen?"

Ist sie geneigt, das Abenteuer zu wagen, so wird sie sich auch mit der Kupplerin an einsamen Orten treffen. Dort wird sie ihr Geschichten erzählen, sie wird inzwischen einmal seufzen und wie aus tiefen Gedanken heraus gähnen. Sie wird ihr auch Geschenke machen, wird an irgendeinen vergangenen fröhlichen Tag erinnern. Dann wird sie die Botin endlich fortschicken, aber mit dem Wunsch, sie bald wiederzusehen und wird ihr mit heiterer Miene sagen: „Du vermagst sonst so schöne Dinge zu sagen, warum hast du mir heute soviel Schlechtes erzählt?" Dann wird sie sagen, es wäre geradezu eine Sünde, sich auf den Handel mit diesem Mann eingelassen zu haben, und sie wird nichts davon verraten, wenn sie ihn früher etwa schon getroffen und gesprochen hat, aber sie will es darauf anlegen, daß sie danach gefragt werden. Schließlich wird sie sich die Miene geben, als lachte sie ungläubig über die Leidenschaft des Mannes, doch wird sie ihm keinen Vorwurf daraus machen.

So hat sich die Frau vor der Kupplerin zu verhalten.

Hat die Frau gezeigt, daß sie bereit ist, den Liebhaber zu erhören, so wird die Kupplerin damit beginnen, ihr Geschenke von ihm zu bringen. Kennt die Frau den Liebhaber noch nicht persönlich, so wird die Kupplerin sehen, daß sie auf die Art zum Ziele kommt, indem sie seine guten Eigenschaften übertreibt, indem sie jeden Tag neue Geschichten von seiner großen Liebe und Leidenschaft für sie erzählt. Auddalaki sagt zwar über diesen Gegenstand, daß es verschwendete Mühe wäre, eine Kupplerin zu bemühen, wenn Mann und Frau sich nicht gesehen, wenn sie sich noch nicht gegenseitige Zeichen ihrer Liebe gegeben hätten.

Die Schüler von Babhravya dagegen sagen, wenn sie sich gegenseitig Zeichen der Liebe gesandt hätten, ohne sich schon persönlich zu kennen, wäre es wohl am Platze, die Kupplerin zu der Frau zu senden. Nach Gonikaputra wäre das am Platze, wenn sie sich kennen, ohne sich schon Liebeszeichen gegeben zu haben. Vatsyayana dagegen meint, daß sie beide ihr Vertrauen sehr wohl einer Kupplerin schenken könnten, auch dann, wenn sie sich weder schon persönlich kannten, noch wenn sie schon gegenseitige Liebeszeichen getauscht hätten.

Die Kupplerin bringt also der Frau Geschenke, die der Liebhaber ihr für sie gegeben hat: Betelnüsse und Betelblätter, Blumen und Ringe.

Auf diesen Geschenken muß der Liebhaber mit seinen Nägeln oder seine Zähnen Zeichen eingegraben haben, oder man muß auf ihnen die Spuren seiner Zähne oder seiner Nägel sehen können. Schenkt er ihr einen Stoff, so kann er mit Safran auf diesen Stoff ein Bild seiner beiden verschlungenen Hände zeichnen, um zu zeigen, wie heiß er sie anbetet.

Die Kupplerin bringt der Frau auch Ohrgehänge und Blumenketten. In diesen Geschenken dürfen Briefe versteckt sein, in denen der Mann seine Liebe schildert und seine Wünsche zum Ausdruck bringt. Die Kupplerin soll die Frau auch ermuntern, dem Mann Gegengeschenke zu machen: sind solche Geschenke auf beiden Seiten angenom-

Pflichten einer Kupplerin IV

men, dann kann die Kupplerin aus eigenem Antrieb schon ein Stelldichein vereinbaren.

Babhravyas Schüler lehren, daß solche Zusammenkünfte bei Tempelbesuchen, auf den Jahrmärkten, bei Gartenfesten, Theatervorstellungen, Hochzeiten, Opfern, Gastmählern und Leichenbegängnissen stattfinden sollen, aber auch bei Bädern im Fluß oder bei Naturereignissen, z. B. bei großen Stürmen und Erdbeben, aber auch bei räuberischen Überfällen, ja sogar wenn der Feind ins Land rückt. Sie meinen wohl damit, daß man zu solchen Zusammenkünften Gelegenheiten ausnützen soll, an denen das Volk seine Schaulust befriedigen kann und für einen kleinen Einzelvorgang keine Zeit hat.

Gonikaputra meint, solche Zusammenkünfte sollten vorzugsweise bei befreundeten Frauen oder in den Wohnungen von Bettlern, Sterndeutern und Büßern stattfinden. Aber Vatsyayana sagt, daß der einzige passende Ort zu solchen Zusammenkünften ein Platz wäre, zu dem es ebenso leicht wäre, den Zugang wie seinen Ausgang zu finden, auch müßten vorher alle Sicherheitsvorrichtungen getroffen sein, um jeder Überraschung zu entgehen. Man sollte nur ein solches Haus zu einer Zusammenkunft wählen, das der Mann leicht wieder verlassen könnte, ohne irgendeinen ärgerlichen Zusammenstoß fürchten zu müssen.

Hier möge eine Aufzählung der verschiedenen Arten von Kupplerinnen und Botinnen folgen:

1. Eine Kupplerin, welche die Last des ganzen Unternehmens, die ganze Verantwortung auf ihre Schultern nimmt.
2. Ein Kupplerin, die nur einen begrenzten Teil des Unternehmens durchzuführen hat.
3. Eine Kupplerin, welche nur eine Briefbotin ist.
4. Eine Kupplerin, welche auf ihre eigene Rechnung solche Abenteuer unternimmt.
5. Eine Kupplerin für eine junge, unschuldige Frau.
6. Eine verheiratete Frau, die ihrem eigenen Mann als Kupplerin und Botin dient.
7. Eine stumme Kupplerin.
8. Eine „Windbotin".

Diese verschiedenen Arten der Kuppelei mögen jetzt dargestellt werden:

1. Wenn eine Frau die wechselseitige Neigung eines Mannes und einer Frau beobachtet hat, bringt sie die beiden in Verbindung miteinander und führt das ganze Abenteuer nur durch ihre Klugheit. Eine solche ist „eine Kupplerin, welche die ganze Last des Unternehmens, die ganze Verantwortung auf ihre Schultern nimmt". Eine solche Kupplerin wird besonders dann bemüht, wenn Mann und Frau sich schon kennen und schon miteinander gesprochen haben. In diesem Falle wird sie nicht wie sonst in allen anderen Fällen nur vom Manne, sondern auch von der Frau geschickt. Man gibt übrigens diesen Namen auch einer Kupplerin, die sich Mühe gibt, einen Mann und eine Frau zusammenzubringen, die sich gegenseitig noch nicht kennen.

2. Eine Kupplerin, die eine angefangene Liebesgeschichte zu Ende führt, nachdem der Mann schon seine ersten Vorstöße ohne rechten Erfolg gemacht hat, nennt man eine „Kupplerin, die nur einen begrenzten Teil des Unternehmens durchzuführen hat".

3. Eine Kupplerin, die nur Briefe zwischen einem Mann und einer Frau hin und her trägt, die sich lieben, sich aber nur selten sehen können, nennt man eine „Briefbotin". Man nennt auch solche Frauen so, die von einem zum anderen geschickt werden, nur um die Tage, Stunden und Orte der Zusammenkunft anzuzeigen.

4. Eine Frau, die einem Mann erzählt, daß sie sich im Traum mit ihm vereinigt hat, die ihm zornig sagt, daß sie mit seiner Frau deswegen Streit gehabt hätte, weil er seine eigene Frau statt mit dem ihr zukommenden Namen mit dem ihren angeredet hätte, die ihm ein Geschenk gibt, auf dem die Spuren ihrer Zähne oder ihrer Nägel zu sehen sind, die ihm erklärt, daß sie sich schon seit langer Zeit von ihm begehrt wüßte und die ihn im Geheimen fragt, ihr zu sagen, wer denn hübscher wäre, seine eigene Frau oder sie: eine solche Person nennt man eine „Kupplerin auf eigene Rechnung". Der Mann darf sich mit ihr keine Zusammenkünfte geben, er darf mit ihr nur ganz im Geheimen verkehren. Man nennt auch eine Frau bei diesem Namen, die versprochen hat, für eine andere Frau tätig zu sein, die aber, wenn sie die persönliche Bekanntschaft des Mannes

Pflichten einer Kupplerin IV

zeigen, wie sie es anstellen muß, daß ihr Mann sie liebt, wenn sie ihr beibringt, wie sie selbst ihre Liebe ausdrücken muß. Sie lehrt eine solche Frau, wie und wann sie sich zornig stellen, wann sie liebevoll sein muß. Sie bringt auf dem Körper der Frau selbst Spuren von Bissen an, sie kratzt die Frau und ruft dann den Gatten herbei, um ihm diese Male zu zeigen und ihn auf diese Art in Liebesraserei zu versetzen. Oft wird sich der Gatte bei seiner eigenen Frau derselben Person bedienen.

6. Wenn ein Mann seine eigene Frau ausschickt, um das Vertrauen einer Frau zu gewinnen, die er besitzen will, wenn er ihr aufträgt, seine Fähigkeit, seine Klugheit und Gaben vor einer anderen Frau zu rühmen, so nennt man eine solche Frau „Kupplerin für den eigenen Mann". In einem solchen Falle läßt dann die Frau, der auf diese Art der Hof gemacht wird, dem Liebhaber durch seine eigene Frau sagen, was sie für ihn empfindet, was sie über ihn denkt.

7. Wenn ein Mann ein junges Mädchen oder eine Dienerin unter diesem oder jenem Vorwande zu einer Frau schickt und in ihren Blumen oder ihren Ohrringen einen Brief verbirgt, oder wenn er ihr irgendwo mit seinen Zähnen oder Nägeln ein Zeichen zufügt, daß die Frau erkennt, so nennt man dieses junge Mädchen oder diese Dienerin „stumme Kupplerin". In diesem Falle erwartet der Mann, auf eine ebenso heimliche Weise von der Frau eine Antwort zu erhalten.

8. Eine Person, die einer anderen eine doppeldeutige Botschaft bringt, die sich vielleicht auf etwas Vergangenes bezieht, jedenfalls aber für andere unverständlich ist, nennt man eine „Windbotin". Durch dieselbe Vermittlerin wird dann auch die Rückantwort überbracht.

Das sind die verschiedenen Arten von Kupplerinnen und Botinnen.

Eine Sterndeuterin, eine Dienerin, Bettlerinnen und Künstlerinnen, das sind Frauen, die sich mit dem Gewerbe der Kuppelei gut auskennen: ihnen gelingt es schnell, eine Frau zu gewinnen. Jede von ihnen kann, wenn sie will, bald höchste Intimität zwischen zwei Personen herbeiführen, oder sie kann leicht die Verliebtheit einer Frau, an der sie Interesse nimmt, steigern, auch kann sie die Liebeskünste anderer Frauen sowohl den Frauen als auch den Männern schildern. Sie können auch sehr viel Gutes über einen Mann und seine Art, sich im Liebesdienst zu zeigen, sagen, sie können seine Geschicklichkeit in den Liebeskünsten rühmen, können erzählen, daß noch viel schönere Frauen, als es die ist, zu der sie gerade sprechen, in Liebe für ihn entbrannt wären, auch können sie leicht alle Schwierigkeiten erklären, die einen Mann in seinem Hause festhalten. Ja, eine kluge Kupplerin kann durch ihr geschicktes Geplauder eine Frau mit einem Mann zusammenbringen, ohne daß die Frau auch nur von fern daran dächte, ohne daß sie ahnte, was mit ihr geschieht, ja sogar dann, wenn sie den Mann als viel zu erhaben für ihre Wünsche angesehen hat. Eine solche Kupplerin kann auch eine Frau wieder mit ihrem Manne zusammenführen, der sich, sei es aus diesem oder jenem Grunde, für eine Weile von ihr getrennt hat.

gemacht hat, diesen für sich gewinnt und damit das Unternehmen des anderen zum Scheitern bringt. Geradeso bezeichnet man auch einen Mann, der statt für einen anderen zu handeln, für sich selbst die Frau erobert, die jener begehrte.

5. Eine Frau, die das Vertrauen einer jungen, unschuldigen Frau gewonnen hat, die, ohne irgendeinen Druck auf sie ausgeübt zu haben, all ihre Geheimnisse kennt, die auch nach ihren Geständnissen alles weiß, wie sich ihr Gatte zu ihr stellt, eine solche Frau nennt man „Kupplerin einer unschuldigen Frau", wenn sie sich Mühe gegeben hat, ihr zu

Das Liebesleben der Personen von Rang und Stand V

Der König und seine hohen Beamten können in den Häusern der Bürger keine Besuche machen. Ihre Lebensführung ist vielmehr beständig von der Menge beobachtet, überwacht und nachgeahmt. Wie sich die ganze Welt mit der aufgehenden Sonne erhebt und sich mit der untergehenden Sonne wieder zur Ruhe begibt, so bestimmt das Leben der Großen das Leben der übrigen Menschen.

Die Großen müssen also vermeiden, vor der Öffentlichkeit irgendetwas zu begehen, was ihre Stellung ihnen zu tun verbietet und was die Kritik der Menschen herausfordern könnte.

Wollen sie aber Handlungen begehen, wie sie alltäglich von den Menschen in ihrem Verlangen nach Liebe begangen werden, so sollen sie gewisse Vorsichtsmaßregeln anwenden.

Der Vorsteher eines Dorfes, der vom König dort eingesetzte Offizier, ebenso Beamte, dessen Arbeit darin besteht, die Ernte zu überwachen, können die Frau-

Das Liebesleben der Personen von Rang und Stand V

en des Dorfes auf die einfachste Art verführen, einfach mit einer Bitte um die Gewährung des Liebesgenusses. Daher nennen denn auch die Lebemänner diese Art von Frauen die „Ungetreuen". Die geschlechtliche Vereinigung dieser Männer mit den Frauen des Dorfes kann bei der Fronarbeit, beim Einbringen der Ernte, beim Reinigen der Häuser, kurz bei all den tausend Gelegenheiten erfolgen, die sich im Landleben und bei den ländlichen Arbeiten durch das Zusammensein und Zusammenarbeiten der beiden Geschlechter ergeben. So nehmen die Wächter der Herden die Frauen, wenn sie um Milch zu ihnen in das Gehege der Kühe kommen. Die Offiziere und Wächter, die über die Witwen, die Frauen ohne Beschäftigung und diejenigen Frauen, welche ihre Männer verlassen haben, zu ihrer Bewachung und Beaufsichtigung gesetzt sind, haben stets geschlechtlichen Verkehr mit diesen Frauen. Die Geschicktesten kommen schon ans Ziel, wenn sie nur nachts im Dorfe umherschweifen. Es gibt auch Dorfbewohner, die mit den Frauen ihrer Söhne Beziehungen zärtlicher Natur unterhalten, denn sie sind den größten Teil des Tages allein mit ihnen zu Hause, wenn die jungen Leute auf dem Felde oder bei ihrer Arbeit sind. Auch die Marktaufseher können leicht Liebesabenteuer haben und fremde Frauen genießen, wenn die Frauen zu Einkäufen oder zum Verkauf ihrer ländlichen Erzeugnisse zu ihnen kommen.

Während des „Festes vom achten Mond", daß heißt im Monat Ashvina, der ein Monat der Feste und Freude ist, auch beim Mondscheinfeste des Monats Karttika und beim Frühlingsfest Caitra besuchen die Frauen aus der Stadt und den nahen Dörfern die Frauen im Harem des königlichen Palastes. Diese Besucherinnen, die den Damen im Harem schon bekannt sind, werden in die Gemächer der einzelnen Frauen geführt. Dort verbringen sie die Nacht mit Unterhaltungen, mit Spielen, mit Gesprächen. Sie brechen erst auf, wenn es schon wieder Morgen wird. Bei dieser Gelegenheit macht sich dann eine der obersten Dienerinnen an jene Frau heran, von der sie weiß, daß sie dem König gefällt und lädt sie ein, sich unter ihrer Führung die Sehenswürdigkeiten des Hauses zu betrachten. Sie kann natürlich schon vor diesen Festen einer solchen Frau sagen, daß sie ihr bei den Festlichkeiten alles Besondere im Palast zeigen wird, um auf diese Art ihre Neugier zu erregen und sicher zu sein, daß sie kommt. Dann zeigt sie ihr wirklich die Bogenlauben mit den Schlingengewächsen, welche die Form von Korallen haben, das Gartenhaus mit seinem Fußboden aus Edelsteinen, die herrlichen Rebgehänge, die Wasserkünste, die heimlichen Eingänge in den Palast, die Gemälde, die Meute, die Jagdleoparden, die Vögel, die Löwen- und Tigerkäfige. Ist sie dann irgendwo allein mir ihr, so wird sie ihr erzählen, wie sehr der König sie zu besitzen wünscht, wie er sie liebt, und sie wird ihr das große Glück ausmalen, das eine solche Verbindung für sie bedeuten muß, auch der strengsten Verschwiegenheit des Königs wird sie versichern. … Hat die Frau dieses Angebot angenommen, so wird sie ihr hinterher Geschenke, würdig eines Königs, überreichen, und wenn sie schließlich diese Frau noch ein Stück des Weges

Das Liebesleben der Personen von Rang und Stand V

begleitet hat, so wird sie sich von ihr unter vielen Zusicherungen ihrer Zuneigung verabschieden.

Es kann auch geschehen, daß die Frauen des Königs den Mann jener Frau kennengelernt haben, welche der König, ihr Gebieter, zu besitzen wünscht. Dann laden sie diese Frau ein, sie im Harem zu besuchen. Und dann geht alles vonstatten, wie es eben erzählt worden ist.

Oder eine der Frauen des Königs hat jene andere Frau kennengelernt. Dann wird sie ihr eine der Frauen aus ihrer Umgebung schicken, und wenn diese dann etwas vertrauter mit jener Frau geworden ist, welche dem König gefällt und ihm zugeführt werden soll, so wird diese Kammerfrau jene andere einladen, sie einmal im Palast zu besuchen. Ist sie erst gekommen und hat sie Vertrauen gefaßt, so wird eine Vertraute des Königs, die eigens zu diesem Zwecke von ihm gesandt ist, sie auffordern, die Sehenswürdigkeiten des Palastes unter ihrer Führung in Augenschein zu nehmen; dann geht alles, wie schon geschildert.

Oder aber die Frau des Königs lädt jene andere ein, welche der König besitzen möchte, sie im Harem zu besuchen und von ihr jene Künste zu lernen, in denen des Königs Frau sich auszeichnet. Ist sie in den Harem gekommen, so wird ihr geschehen, wie es hier schon geschildert wurde.

Oder aber eine Bettlerin wird sich im Einverständnis mit der Frau des Königs jener Frau, die dem König gefällt, nähern, etwa wenn ihr Mann sein Vermögen verloren oder etwas vom König zu fürchten hat und wird ihr sagen:

„Diese Frau des Königs, mit der ich gut bekannt bin, hat großen Einfluß auf ihn. Sie ist von Haus aus wohlwollender und gütiger Natur. An sie müssen wir uns also wenden, wenn wir in dieser Sache eine Hilfe haben wollen. Ich werde dich also in den Harem führen, du wirst mit ihr sprechen und sie wird alles in Ordnung bringen, und jede Gefahr, die euch von Seiten des Königs droht, abwenden". Wenn die Frau dieses Anerbieten annimmt, so wird die Kupplerin sie ein- oder zweimal in den Harem führen, und die Frau des Königs wird ihr in der Tat ihren Schutz und Schirm versprechen. Kommt dann die Frau, entzückt von der freundlichen Aufnahme, die sie im Harem gefunden hat, glücklich über den zugesagten Schutz in der Folgezeit wieder, so wird auch sie eines guten Tages in der schon beschriebenen Weise, auf dem Umweg über die Besichtigung der Sehenswürdigkeiten im Palast, dem König zugeführt.

Was hier von einer Frau gesagt wird, deren Mann etwas vom König zu fürchten hat, das gilt gleicherweise auch von Frauen der Angestellten am Hofe, auch von den Frauen jener Männer, die unter der Willkür der höchsten Beamten zu leiden haben. Ebenso für andere, die arm, mit ihrer Stellung unzufrieden sind, für jene, welche die Gunst des Königs erringen wollen oder für andere, die sich einen Namen in der Bevölkerung machen wollen. Es gilt auch für solche, die in ihrer eigenen Kaste Druck auszuhalten oder den Wunsch haben, ihren Kastengenossen etwas anzutun, es gilt schließlich auch für Spioninnen und

andere Frauen, die ihre besonderen Zwecke und Ziele verfolgen. Sie alle können auf die geschilderte Weise ohne jedes Aufsehen dem König zugeführt werden.

Wenn die Frau, welche der König haben möchte, mit einem Mann lebt, ohne mit ihm verheiratet zu sein, so kann der König sie gefangennehmen lassen. Er wird sie dann zuerst als Sklavin auf irgendeines seiner Schlösser senden – als scheinbare Strafe für ihr Vergehen – aber er wird ihr bald einen Platz in seinem Harem geben. Oder der König stachelt einen seiner Getreuen auf, mit dem Mann jener Frau einen Streit anzufangen. Dann wird der erzürnte König beide, den Mann und die Frau, ins Gefängnis werfen lassen, der Frau aber wird er bald seinen Harem öffnen.

Das Liebesleben der Personen von Rang und Stand V

Auf diese Art kann man sich heimlich der Frau eines anderen bemächtigen.

Die hier angeführten Mittel, eine fremde Frau zu verführen, werden im allgemeinen nur in den Palästen des Königs angewandt. Aber ein König darf niemals in die Wohnung eines anderen Menschen eindringen. Abhira, der König von Kotta – man weiß nicht genau, wann er gelebt hat – wurde von einem Wäscher getötet, als er sich in einem fremden Hause befand, und genauso erging es dem König Jayasena, dem König von Kashi, der bei einer solchen Gelegenheit auf Befehl seiner eigenen Kavaliere umgebracht wurde.

Aber in einigen Ländern erleichtern die üblichen Sitten dem König, mit fremden Frauen zu verkehren. Im Lande des Andhras z. B. 1) haben die neuverheirateten Frauen den Brauch, sich am zehnten Tage der Hochzeit mit Geschenken im Harem des Königs einzufinden. Der König nimmt die Geschenke und die Frau selbst und entläßt sie wieder. Im Lande Vatsagulma 2) treffen die Frauen der höchsten Würdenträger abends mit dem König zusammen und sind dann zu seiner Verfügung. Im Lande Vidarbha 3) bringen die Frauen der Eingeborenen einen ganzen Monat im Harem des Königs zu, unter dem Vorwande, ihm auf diese Art ihre Ergebenheit für seine erhabene Person zu bezeigen. Im Lande der Aparatakes 4) senden die Bürger ihre schönen Frauen den Ministern und dem König als Geschenk ins Haus. Im Lande Surashtra 5) endlich begeben sich die Frauen aus der Stadt und vom Lande einzeln und in Gruppen in den Harem, nur um dem König in seinen Gelüsten gefällig zu sein.

Auch über diesen Gegenstand gibt es alte Verse, die also lauten.

„Dies und andere sind die Mittel, mit denen die Könige sich fremde Frauen erobern. Aber ein König, der auf das Wohl seines Volkes bedacht ist, wird niemals eines dieser Mittel anwenden. Ein König, der über die sechs Feinde der Menschheit triumphiert hat 6), wird Herr der ganzen Welt werden".

1) Andhra ist das heutige Tailangam, südlich von Radjahmundry.
2) Vielleicht ein Teil der Gegend im Süden von Malva.
3) Das heutige Berar.
4) Auch Aparantakea genannt. Das nördliche und südliche Kankuna.
5) Die heutige Provinz Kattyavar. Ihre Hauptstadt war Giringuda, das heutige Junagurh.
6) Diese sechs Feinde sind: die Liebe, der Zorn, der Geiz, der Übermut, der Stolz und die Freude.

Das Leben und Treiben der Frauen im Harem VI

Die Frauen im königlichen Harem können weder einen Mann sehen oder irgendwo treffen, so sehr sind sie bewacht und behütet. So würden denn, da sie ja alle zusammen nur einen einzigen Mann haben, ihre geschlechtlichen Wünsche niemals befriedigt werden können. Aus diesem Grunde geben sie sich untereinander den verschiedensten Vergnügungen und Belustigungen hin, von denen jetzt gesprochen werden soll. Sie kleiden die Töchter ihrer Ammen, ihrer Freundinnen oder ihre Dienerinnen als Männer an, versehen sie dann mit Geschlechtsteilen, die aus Kolben, Wurzeln oder Früchten in der Gestalt eines Lingam (Penis) hergestellt werden. Oder sie legen sich auch auf eine Statue, deren Geschlechtsteil sich im Zustande der Erregung befindet.

Einige gefällige und mitleidige Könige nehmen Medikamente ein, die ihnen erlauben, in einer Nach mehrere Frauen zu befriedigen, wenn das auch gar nicht ihrer Neigung entspricht. Andere geben sich nur mit denjenigen von ihren Frauen ab, die ihnen wirklich gefallen. Andere wieder lassen eine Frau nach der anderen zu sich kommen.

Auf diese Art erfreuen sich die Haremsdamen in den Ländern des Ostens. Was hier von den Liebesfreuden der Frauen gesagt ist, das gilt in entsprechender Weise auch für die Liebesfreuden der Männer.

Trotzdem, trotz aller scharfen Überwachung, empfangen die Haremsfrauen doch oft genug, mit Hilfe ihrer Kammerfrauen und Dienerinnen, in ihrem Harem den Besuch von Männern, die als Frauen verkleidet sind. Ihre Dienerinnen und die Töchter ihrer Ammen, welche sich im Hause genau auskennen, haben geradezu die Aufgabe, Männer zu bereden, ihnen in den Harem zu folgen. Sie schildern ihnen in farbigen Worten das besondere Glück, das ihrer dort wartet, sie sprechen davon, wie leicht man kommen und verschwinden kann, sie erzählen von der großen Ausdehnung des Palastes, von der Nachlässigkeit der Schildwachen, sie schildern auch, wie gefällig die Wächter der königlichen Gemahlinnen sind, um so jedes Bedenken und alle Furchtsamkeit der Männer zu zerstreuen. Aber diese Frauen dürfen niemals einen Mann dazu bestimmen, mit lügnerischen Mitteln in den Harem einzudringen, denn damit würden sie sicherlich seinen Untergang verursachen.

Was den Mann anbetrifft, so tut er gut, solche Besuche im Harem, im Hinblick auf die vielen Zufälle, die eintreten könnten, abzulehnen, mag der Zutritt noch so leicht sein [1].

Will er das Wagnis doch unternehmen, so muß er sich zuerst versichern, ob es wirklich eine Möglichkeit gibt, schnell und ungesehen zu verschwinden, ob also eine stets unbewachte Ausgangspforte vorhanden ist. Auch soll er sich vorher überzeugen, ob der Harem von einem Lustwäldchen umgeben ist, wo man sich zur Not verbergen könnte, ob seine Gemächer groß sind und ineinander gehen, ob die Wachen in der Tat nachlässig sind und ob der König abwesend ist. Wenn ihm dann die Frauen das Zeichen zum Eintritt geben, so gehe er vorsichtig, achte genau seines Weges und gehe nur auf dem Wege, der ihm bezeichnet wird. Wenn es ihm möglich ist, streife er jeden Tag ein wenig in der Nähe des Harems umher, um sich unter einem Vorwand mit den Wächtern und Schildwachen anzufreunden. Auch zeige er sich den Dienerinnen freundlich, die vielleicht seine Absichten kennen, er drücke ihnen sein Bedauern darüber aus, daß er noch immer nicht ans Ziel seiner Wünsche gekommen sei. Er sende eine Botin, die Zutritt zum Harem hat, in den Palast und gebe sich Mühe, alle Späher des Königs kennen zu lernen. Wenn keine Botin oder Kupplerin zu finden ist, die Zutritt zum Harem hat, so muß sich der Mann an einem Orte aufstellen, wo er die Frau, die er liebt, die er begehrt, sehen kann.

Sind an diesem Wort Schildwachen des Königs, so verkleide er sich als Frau, als Dienerin seiner angebeteten Dame, welche an diesem Ort zu kommen pflegt oder dort vorübergeht. Wenn sie ihn beachtet, so drücke er ihr durch Zeichen und Bewegungen seine Gefühle aus, auch zeige er ihr von ferne Bilder, Gegenstände, die eine doppelte Bedeutung haben, auch Blumenketten, Ringe und andere Dinge mehr. Er achte genau darauf, welche Antwort sie ihm gibt, sei es durch Worte, sei es mit Zeichen oder Gebärden, und er versuche dann, wenn die Antwort günstig ausfällt, in den Harem einzudringen. Wenn es sicher ist, daß sie an einen bestimmten Ort

[1] Über die Schwierigkeit, einen Harem zu betreten, kann sich nur der Europäer eine Vorstellung machen, der mit dem Orient in Berührung gekommen ist. Auch Frauen ist es manchmal unmöglich, in die Gemächer einzudringen, oftmals aber auch unmöglich, sie wieder zu verlassen.

Das Leben und Treiben der Frauen im Harem VI

kommt, so verberge er sich dort und trete, im rechten Augenblick, mit ihren Wächtern in den Palast ein. Er kann sich auch in einem zusammengelegten Bett versteckt ins Haus hinein- und hinaustragen lassen. Am allerbesten freilich ist, wenn er sich unsichtbar macht und wenn er zu diesem Zwecke nach dem folgenden Rezept verfährt:

Man verbrenne, ohne den Rauch entweichen zu lassen, das Herz eines Ichneumonds, die Früchte der Trigonella und die Augen einer Schlange. Man zerreibe die Asche und gebe soviel Wasser hinzu, wie die ganze Masse wiegt. Wenn man sich damit die Augen einreibt, kann man gehen und kommen, wohin man will, ohne gesehen zu werden.

Es gibt noch andere Mittel, sich unsichtbar zu machen, die von den Brahmanen von Duyana und den Jogashiras niedergeschrieben sind. Ein Mann kann auch während des Festes des „achten Mondes" in einen Harem eindringen, auch bei den anderen Mondscheinfesten, weil in solchen bewegten, festlichen Tagen die Wächter des Harems sehr in Anspruch genommen und beschäftigt sind. Diese Regeln sind über Besuche im Harem aufgezeichnet:

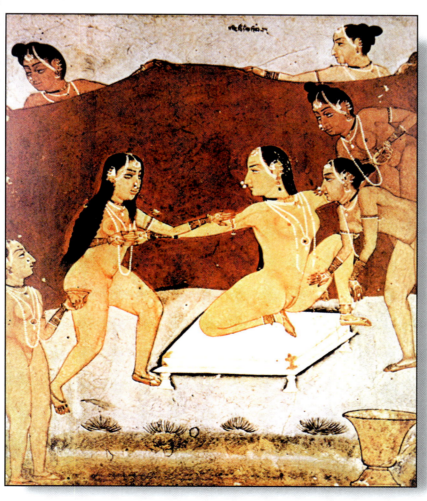

Besuche der jungen Leute im Harem finden in der Regel dann statt, wenn gerade Sachen in den Harem geschafft oder aus dem Palast hinausgebracht werden, bei den großen Gastmählern und Festen, wenn die königlichen Gemahlinnen von einem Schloß ins andere ziehen, oder wenn sie sich zu Jahrmärkten und anderen festlichen Gelegenheiten begeben, wenn sie in die Gärten gehen oder in den Palast zurückkehren, endlich, wenn der König auf eine lange Pilgerfahrt gegangen und abwesend ist. Die Frauen im Harem kennen gegenseitig alle Geheimnisse, keine verfolgt ein besonderes Ziel, keine handelt eigensüchtig, sondern eine hilft der anderen. Ein junger Mann, der sie alle besessen hat, der ihnen allen gemeinsam gehört, kann sich solange dieser guten Gelegenheit erfreuen, als alles geheim bleibt und nichts nach außen dringt.

Heutzutage sind im Lande der Aparatakas die Frauen im königlichen Harem sehr schlecht bewacht, und viele junge Leute dringen zu ihnen ein und ergötzen sich mit ihnen, unter Beistand von Frauen, die schon Zutritt zum Harem haben. Die Frauen des Königs von Abhira halten es mit den Schildwachen, die man Kshatriyas nennt. Die Frauen des Königs im Lande der Vatsagulmas lassen mit den Botinnen, die bei ihnen ein- und ausgehen, zugleich die Männer kommen, die ihnen gefallen. In den Ländern der Vidarbhas verkehren die Söhne der Königinnen ganz offen im Harem, und sie benützen alle Frauen dort, mit Ausnahme ihrer eigenen Mütter. Bei den Strirajyas geben sich die Frauen des Harems ihren Kastengenossen und ihren Verwandten hin. Bei den Gaudas sind die Haremsdamen den Brahmanen zu willen, auch ihren Freunden, ihren Dienern, ja sogar ihren Sklaven. Im Lande Samdhava ergötzen sich die Diener, die Milchbrüder und andere Personen der selben Klasse mit den Haremsfrauen. Im Lande des Himavat bestechen abenteuerlu-

Das Leben und Treiben der Frauen im Harem VI

stige junge Leute die Schildwachen und dringen in den Harem ein. Im Lande der Vangas 2) und der Kalingas kommen die Brahmanen mit Wissen des Königs in den Harem, unter dem Vorwande, daß sie den Frauen geweihte Blumen bringen wollen. Sie plaudern dann mit ihnen hinter einem Vorhang und kommen oft ans Ziel, sie zu besitzen. Im Harem des Königs der Pracyas endlich halten die Frauen für je eine Gruppe von neun oder zehn Frauen einen jungen Mann verborgen, der sie bedienen muß.

So machen es die Frauen anderer. Deshalb soll jeder Mann gut über seine Frau wachen, die alten Autoren sagen, daß ein König als Wächter in seinem Harem nur solche Leute anstellen soll, von denen wohl bekannt ist, daß sie keine fleischlichen Gelüste haben. Aber diese Männer können, selbst wenn sie selbst von Begierden frei sind, aus Furcht oder aus Habsucht andere Männer in den Harem hineinschmuggeln. Darum sagt Gonikaputra, daß die Könige nur Männer in den Harems anstellen sollen, die frei von Fleischeslust, von Furcht und von Habsucht sind. Vatsyayana endlich bemerkt noch, daß unter dem Einfluß von Dharma Männer in den Harem eindringen können, was besagen will: unter religiösem Einfluß. Deswegen dürfen auch die Wächter keinem religiösem Einfluß zugänglich sein.

Die Schüler Babhravyas raten, ein Mann solle stets Sorge tragen, daß eine Frau mit einer anderen sehr innig befreundet ist, so daß dann die eine die andere überwacht und jede ihm stets über die ehrbare, keusche Lebensführung der anderen berichten kann. Aber Vatsyayana hält dem entgegen, daß es Männer mit schlechten Absichten stets gelingen wird, mit den Frauen im Harem in Kontakt zu kommen und daß ein Mann seine ehrbare Gattin durch eine solche Freundschaft nicht der Gefahr aussetzen darf, das Opfer einer getriebenen Intrigantin zu werden.

Die Keuschheit einer Frau geht aus folgenden Ursachen verloren:

- Häufiger Besuch von Gesellschaften und geselligen Zirkeln.
- Mangel an Zurückhaltung.
- Ausschweifendes Leben des Mannes.
- Mangel an Vorsicht im Verkehr mit anderen Männern.
- Häufige und lange Abwesenheit des Mannes.
- Aufenthalt im Auslande.
- Vernichtung ihrer Liebe, ihrer guten und zarten Empfindungen durch den eigenen Mann.
- Die Gesellschaft liederlicher Frauen.
- Eifersucht des Mannes.

Auch über diesen Gegenstand gibt es alte Verse, deren Text hier folgen mag:

„Ein geschickter Mann, der aus alten Schriften die Mittel gelernt hat, mit denen man die Frauen anderer Männer verführt, wird niemals von seinen eigenen Frauen betrogen werden. Niemand darf von diesen Mitteln, fremde Frauen zu verführen, Gebrauch machen, weil sie nicht immer gelingen, weil sie oft zu schrecklichen Unglücksfällen und Ereignissen führen und Dharma und Artha zerstören. Dieses Buch, daß zum Wohle der Bürger geschrieben ist und ihnen die Mittel zeigt, ihre eigenen Frauen zu hüten, darf nicht als Führer für die Verführung fremder Frauen dienen".

2) Bengalen.

Sechster Teil
Die Kurtisanen

I
Warum sich die Kurtisane an die Männer hält
Von der Kunst, einen begehrten Mann zu erobern und von Männern, die erobernswert sind

Indem sich die Kurtisanen mit den Männern einlassen, verschaffen sie sich sowohl Liebesfreuden wie ihre Existenzmittel. Wenn eine Kurtisane sich einem Mann aus Liebe hingibt, so ist das eine natürliche Handlung, wenn sie das aber tut, um Geld zu verdienen, so ist das eine nicht der Natur entsprechende, eine aus der Not erwachsene Handlung. Aber auch in einem solchen Falle muß sie sich den Anschein geben, als liebe sie den Mann wirklich, denn die Männer schließen sich nur an solche Frauen an, von denen sie annehmen können, sie würden von ihnen geliebt. Wenn sie den Mann mit ihren Liebeskünsten erfreut, muß sie sich bemühen, so zu erscheinen, als wäre sie von jeder Habsucht frei. Im Interesse ihrer eigenen Zukunft darf sie ihm auch kein Geld unter verwerflichen Mitteln aus der Tasche ziehen.

Schön gekleidet und schön geschmückt, hat sich die Kurtisane sitzend oder stehend dicht an der Tür ihres Hauses aufzuhalten. Ohne sich zuviel zu zeigen, beobachte sie die Vorübergehenden auf der Straße, doch sorge sie auch dafür, daß sie von ihnen gesehen wird, denn sie muß sich ja irgendwie als eine Ware betrachten, die zum Verkauf gestellt ist. Sie wird Freundschaften mit solchen Leuten schließen, die ihr behilflich sein können, Zwist und Streit unter Eheleuten heraufzubeschwören, Männer, die schon mit anderen Frauen Verbindung haben, ihren Freunden abspenstig zu machen und sie ihr zuzuführen. Sie suche sich, Personen anzuschließen, die ihr helfen können, ihre mißliche Lage zu bessern, durch deren Freundschaft sie Reichtümer erwerben kann, die sie nicht schlecht und nichtachtend behandeln und die sie davor schützen können, daß sie von Leuten, mit denen sie je zu tun gehabt hat, hinterher Verdrießlichkeiten zu erleiden hätte.

Solche Personen sind:
- Die Wächter der Stadt und die Beamten der Polizei.
- Die Offiziere und Beamten des Gerichtshofes.
- Die Sterndeuter.

Warum sich die Kurtisane an die Männer hält I
Von der Kunst, einen begehrten Mann zu erobern und von Männern, die erobernswert sind

- Arme Männer, die sonst keine Gelegenheit haben, sich den Freuden der Liebe hinzugeben, denn sie sind zu vielen Diensten zu verpflichten.
- Gelehrte.
- Kenner der vierundsechzig Künste.
- Spitzel der Polizei.
- Personen, die in den Häusern der Reichen Zutritt haben.
- Possenreißer.
- Blumenhändler.
- Händler mit Wohlgerüchen.
- Branntweinverkäufer.
- Wäscher.
- Barbiere.
- Bettler.

Auch andere Personen soll sie nicht vernachlässigen, die ihr bei dem, was sie vorhat, nützlich sein können.
Männer, mit denen eine Kurtisane nur wegen des Verdienstes Umgang haben soll, sind diese:

- Männer, die eine Rente unabhängig macht.
- Junge Leute.
- Männer, die nirgendwo gebunden sind.
- Beamte des Königs.
- Männer, die mit Leichtigkeit Geld verdienen.
- Männer, die sichere Einnahmequellen haben.
- Männer, die sich selbst für sehr schön halten.
- Männer, die sich gern loben und sich gern loben hören.
- Ein Eunuche, der für einen Vollmann gelten will.
- Ein Mann, der seine Standesgenossen verabscheut.
- Ein Mann, der von Natur aus freigebig ist.
- Ein Mann, der auf den König, seine Minister und Beamte Einfluß hat.
- Ein Mann, der stets glücklich ist.
- Ein Mann, der stolz auf sein Geld und Vermögen ist.
- Ein Mann, der den Gesetzen seiner Ahnen nicht gehorcht.
- Ein Mann, der den Geboten seiner Eltern entwachsen ist.
- Ein Mann, der in seiner Kaste eine große Rolle spielt.
- Der einzige Sohn eines reichen Vaters.
- Ein Asket, der innerlich von seinen Begierden geplagt wird.
- Ein Held.
- Ein Arzt des Königs.
- Alte Bekannte.

Andererseits wird sie sich, sei es aus Liebe oder im Interesse ihres guten Rufes, an Männer halten, welche durch ihre hervorragenden Eigenschaften weit und breit bekannt sind.
Solche sind:

- Männer von hoher Geburt, welche die Welt kennen und alles, was sich schickt und geziemt, zu geziemender Zeit unternehmen.
- Dichter.

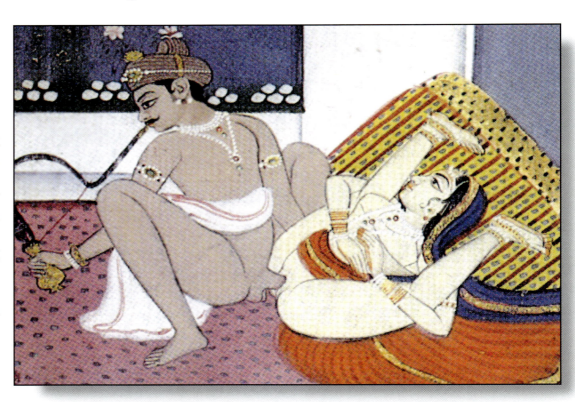

Warum sich die Kurtisane an die Männer hält I
Von der Kunst, einen begehrten Mann zu erobern und von Männern, die erobernswert sind

- Geschichtenerzähler von Ruf.
- Männer von berühmter Beredsamkeit.

Energische Männer, die in verschiedenen Künsten bewandert sind, die die Zukunft voraussehen und sich überhaupt durch besonders gute Eigenschaften auszeichnen. Solche Männer sollen keinen Jähzorn kennen, sie sollen freigebig und gut gegen ihre Eltern sein, sie sollen viel Freude und Geschmack am geselligen Leben haben. Sie müssen gesellige Talente haben, müssen sich im Sport betätigen, dürfen keinerlei Krankheiten haben, sondern müssen an Leib und Seele vollkommen gesund sein. Sie dürfen keine Verstümmelung am Körper haben, sondern müssen sehr kraftvoll, keine Trinker, aber unermüdlich in allen Liebesspielen sein. Auch müssen sie heiteren Temperamentes sein, die Frauen lieben und sich ihnen wirklich anschließen, freilich ohne sich ihnen ganz hinzugeben. Sie sollen ausreichende Existenzmittel haben, keinen Lastern frönen und endlich frei von jeder Neigung zur Eifersucht sein.

Das sind die Eigenschaften, die einen Mann zu einem begehrenswerten Liebhaber machen.

Die Frau soll sich durch folgende Charaktereigenschaften auszeichnen:

Sie soll schön, liebenswürdig und von hoher Anmut sein. Sie soll bei den anderen, bei den Männern vor allen Dingen, die guten Eigenschaften lieben, soll aber auch Sinn für den Reichtum haben. Sie suche Liebesvereinigungen zu finden, die wirklich aus Liebe unternommen werden, sie sei aufrichtig und offenherzig und suche sich in der Liebe stets nur an eine Klasse von Männern zu halten, damit sie sich nicht wegwerfen muß. Sie soll stets darauf bedacht sein, Erfahrungen und Wissen zu erwerben, sie darf nicht habsüchtig sein, muß aber stets zu Geselligkeiten jeder Art aufgelegt sein.

Die Haupteigenschaften der Frauen überhaupt sind die folgenden:

Klugheit, ein angenehmes Naturell und gute Manieren, ein dankbarer Charakter, kluges Bedenken der Zukunft vor allen Unternehmungen, Fleiß und Liebe zur Tätigkeit, gute Haltung, gute Aussprache und reines Sprechen. Auch soll eine Frau, die auf sich hält, niemals zu laut und roh lachen, sie soll nie boshaft, niemals jähzornig sein, sie soll nie Torheiten reden, nie Dummheiten schwatzen. Sie soll wissen, was sich der Zeit, dem Ort entsprechend schickt und nicht ziemt. Sie soll Kenntnis des Kamasutram haben und Kenntnis in allen Künsten, die sich daraus ergeben. Fehlt eine oder die andere dieser Eigenschaften, so ist das bei einer Frau als Fehler zu betrachten.

Die Kurtisanen sollen folgende Männer meiden:

- Einen Aussätzigen oder Schwindsüchtigen.
- Einen ewig Kränklichen.
- Einen Schönredner und leeren Schwätzer.
- Einen Mann, dessen Atem einen Geruch wie Menschenkot hat.
- Den Mann, der seine Frau liebt.
- Einen Mann, der hart und befehlshaberisch zu sprechen pflegt.
- Einen Mann, der ewig eifersüchtig ist.
- Einen Geizhals.
- Einen Mitleidslosen und Hartherzigen.
- Einen Dieb.
- Einen faden Patron.
- Einen Zauberer.
- Jemanden, dem es gleichgültig ist, ob er geehrt und angesehen ist oder nicht.
- Einen Mann, den sogar seine eigenen Feinde mit Geld bestechen oder kaufen können.

Warum sich die Kurtisane an die Männer hält I
Von der Kunst, einen begehrten Mann zu erobern und von Männern, die erobernswert sind

• Einen äußerst Schamlosen.
Die alten Autoren meinen, daß die Kurtisanen, wenn sie sich an die Männer halten, aus einem von den folgenden Motiven handeln:
Aus Liebe, aus Furcht, aus Geldgier, aus Vergnügungssucht, um sich an irgendjemanden zu rächen, aus Neugier, aus Langeweile, aus Gewohnheit, um berühmt zu werden, aus Mitleid, aus irgendeiner religiösen Einstellung, weil sie wünschen, einen Freund zu haben, weil ihnen ein Mann begegnet, der einem alten Freunde ähnlich sieht, aus Glücksverlangen, aus dem Wunsch, mit einem anderen zu brechen, weil sie im sexuellen Sinne gut zu einem Mann paßt, weil man dicht beisammen wohnt, aus Armut und aus vielen anderen ähnlichen Gründen. Vatsyayana meint allerdings, daß es vor allen Dingen der Wunsch nach Reichtum und Wohlleben, das Verlangen nach den Freuden der Liebe wäre, welche die Kurtisanen dazu treiben, sich mit den Männern einzulassen.

Eine Kurtisane soll niemals Geld für ihren Liebhaber ausgeben, denn das Geld und sein Gewinn soll d e r Punkt sein, den sie niemals aus den Augen lassen darf. Nur wenn sie Grund hat, sich zu fürchten, auf ihrer Hut zu sein, soll sie Sorge tragen, einen möglichst kraftvollen Liebhaber und Freund zu finden. Wenn sie von einem Manne eingeladen wird, zu ihm zu kommen, sich ihm hinzugeben oder ihm zu Willen zu sein, so darf sie diese Einladung nicht sogleich annehmen. Denn die Männer pflegen jene Frauen zu verachten und gering zu schätzen, die sich zu leicht ergeben. Bei einer solchen Gelegenheit

Warum sich die Kurtisane an die Männer hält I
Von der Kunst, einen begehrten Mann zu erobern

und von Männern, die erobernswert sind

wird sie zuerst die Masseure, die Sänger, die Possenreißer und andere Personen dieser Art, die ihr zur Verfügung stehen, in das Haus des Mannes schicken, und wenn sie solche nicht hat, so wird sie ihm wenigstens Spitzel zuschicken, damit sie über seine Gesinnung und Empfindungen völlige Aufklärung erhält. Durch diese Personen wird sie dann erfahren, ob der Mann rein oder unrein, zur Liebe geeignet ist oder nicht, sie wird aus ihren Erzählungen berechnen können, ob er zu jenen gehört, die sich an eine Frau anschließen können oder nicht, ob er freigebig oder geizig ist. Wenn er sich dabei nach ihrem Geschmack erweist, so wird sie eine Verbindung mit ihm eingehen.

Zu diesem Zweck wird der Pithamarda, der Spitzel, ihn unter dem Vorwande, daß es bei ihr Hahnenkämpfe oder ein Schauspiel zu sehen gäbe, einführen,

oder er kann auch die Frau in das Haus des Mannes bringen. Wenn der Mann in das Haus der Frau gekommen ist, so reicht sie ihm einen Gegenstand, der ihn neugierig macht oder ihn erregt. Oder sie gibt ihm irgendeinen kleinen Gegenstand als Liebesgeschenk und sagt ihm, daß er eigens zu seinem Gebrauch angefertigt wäre. Sie unterhält ihn, indem sie ihm lange Geschichten erzählt oder solche Dinge treibt, die ihm angenehm sind. Wenn er gegangen ist, schickt sie oft eine ihrer Dienerinnen mit, die fähig ist, ein lustiges Gespräch zu führen, auch läßt sie ihm dann stets kleine Geschenke überreichen. Manchmal geht sie auch unter irgendeinem Vorwande selbst zu ihm, doch läßt sie sich dann stets vom Pithamarda begleiten.

Auch über diese Dinge gibt es alte Verse, die hier folgen mögen:

„Wenn sich ein Liebhaber einer Kurtisane vorstellt, so reiche sie ihm ein Gemisch aus Betelnüssen und Betelblättern, auch beschenke sie ihn mit Blumenketten und wohlriechenden Salben. Dann zeige sie ihm ihre Kenntnis der Künste und pflege ein langes Gespräch mit ihm. Sie soll ihm auch kleine Liebesgeschenke machen und diesen und jenen Gegenstand mit ihm tauschen, zugleich soll sie ihm aber zeigen, wie sehr sie in allen Künsten der Liebe erfahren ist. Hat sie sich einmal mit ihm vereinigt, so soll sie trachten, sich ihm lange angenehm zu machen: durch kleine Geschenke, durch ihre Gespräche und dadurch, daß sie den Liebesgenuß immer neu zu gestalten weiß".

Von der Kurtisane, die mit einem Manne lebt II

Wenn eine Kurtisane mit einem Liebhaber so lebt, als ob sie mit ihm verheiratet wäre, so muß sie das Betragen einer ehrbaren Frau haben, ihm jedoch stets und in allem zu Willen sein. Mit einem Worte: sie muß trachten, ihm möglichst viel Vergnügen zu bereiten. Sie soll sich ihm aber nicht mit ihrem ganzen Herzen anschließen, jedoch soll sie sich stets so benehmen, daß es den Anschein hat, als besäße er in der Tat ihr ganzes Herz.

Nun soll hier dargestellt werden, wie sie sich zu betragen hat, um wirklich zu ihrem Vorteil zu kommen.

Wenn sie eine Mutter hat, von der sie abhängt, so kann sie diese Mutter als geldgierig und habgierig hinstellen, sie kann von ihr sagen, daß sie stets daran dächte, recht viel Geld zusammenzuraffen. Hat sie keine Mutter, so läßt sie die Rolle von einer geldgierigen Megäre, von ihrer alten Amme oder einer anderen Frau spielen, die sie ins Vertrauen gezogen hat. Die Amme oder die Mutter geben sich den Anschein, als wäre ihnen gerade dieser Liebhaber nicht recht, und sie tun alles Mögliche, um ihm den Besitz des Mädchens vorzuenthalten, um das Mädchen von ihm loszureißen. Das Mädchen wird dann bei passender Gelegenheit Zorn über diese Behandlung heucheln, Niedergeschlagenheit, Furcht und Scham. Keinesfalls aber sei es der Mutter oder der Amme ungehorsam. Wenigstens muß der Mann den Eindruck haben, als handele es ganz und gar nach den Befehlen dieser Frauen. Deswegen sage es dem Mann etwa, es hätte der Mutter oder der Amme erzählt, er sei plötzlich erkrankt, und nur unter diesem Vorwande sei es ihm gelungen, sich wieder einmal zu ihm stehlen zu können.

Wenn er das Mädchen so unter seinen häuslichen Verhältnissen leiden sieht, wird er natürlich eine offene Hand dafür haben.

Hier sind noch andere Mittel angegeben, mit denen die Kurtisane sich die ständige Gunst eines Mannes erringen und sichern kann.

Sie wird von einer Dienerin Blumen holen lassen, mit denen er sich am Abend vorher geschmückt hat, und sie wird diese Blumen dann zu ihrem eigenen Putz verwenden, um ihm auf diese Weise ihre große Zuneigung zu zeigen. Auch wird sie sich die Reste von seiner Mischung aus Betelblättern und Betelnüssen erbitten, die er nicht verbraucht hat. Sie soll ihm sagen, wie erstaunt und entzückt sie von seinen Kenntnissen in der Liebeskunst sei, von den verschiedenen Arten der Liebespraxis, die er anzuwenden pflegt. Sie soll von ihm die vierundsechzig Liebeskünste lernen, die Babhravya aufgezeichnet hat. Auch wird sie nur jene Künste in der Ausübung der Liebe anwenden, von denen sie weiß, daß sie ihm gefallen, weil er sie selbst darauf gebracht hat. Sie wird sich allen seinen Liebeslaunen gefügig zeigen, sie wird seine Geheimnisse treu bewahren und wird ihm auch ihre eigenen Geheimnisse und Wünsche anvertrauen. Seinen Zorn darf sie gar nicht merken, niemals verweigere sie sich ihm, wenn er ihr im Bett das Gesicht zudreht. Auch soll sie jede Stelle seines Körpers berühren, wenn er das Verlangen danach äußert. Wenn er schläft, soll sie ihn umarmen und küssen. Wenn er vor sich hinträumt, oder wenn er an etwas anderes denkt als an sie, soll sie ihn angstvoll und besorgt ansehen. Niemals zeige sie ihm völlige Gleichgültigkeit, aber auch niemals eine übertriebene Bewegung, wenn sie ihn etwa zufällig auf der Straße trifft oder ihn plötzlich auf der Terrasse seines Hauses stehen sieht. Seine Feinde soll sie hassen, aber alle Menschen, die ihm teuer sind, soll auch sie lieben. Sie soll auch für all seine Neigungen Geschmack zeigen, sie soll traurig mit ihm sein und soll sich mit ihm freuen. Sie soll auch den Wunsch äußern, seine Frauen zu sehen. Niemals soll sie lange mit ihm zürnen oder schmollen. Sie soll ihm Zeichen mit ihren Zähnen und Nägeln auf den Körper machen, soll ihn also kratzen und beißen und soll sich dann stellen, als hätte sie den Verdacht, daß diese Spuren hoher Liebesstunden von anderen Frauen herrühren... Niemals soll sie ihre Liebe zu ihm durch Worte ausdrücken, sondern nur durch Handlungen, durch ihre Hingabe, durch Zeichen, durch kluge Andeutungen, die er allein verstehen kann. Sie soll schweigen, wenn er schläft, wenn er betrunken oder krank ist. Wenn er von seinen guten Taten und guten Werken spricht, soll sie ihm aufmerksam zuhören, und sie soll ihm alles, was er ihr selbst gesagt hat, in den allerhöchsten Lobsprüchen wiederholen. Sie soll ihm lebhaft und mit Lustigkeit antworten, wenn sie hinlänglich vertraut mit ihm geworden ist. Allem, was er erzählt, leihe sie ein williges Ohr, nur dann natürlich nicht, wenn

Von der Kurtisane, die mit einem Manne lebt II

er ihr etwa von anderen Liebschaften erzählen wollte. Sie drücke sofort aus, wie niedergeschlagen und traurig sie sei, wenn sie ihn leiden sehe, wenn er gähnt oder gar ohnmächtig wird. Wenn er niest sage sie sogleich: „Langes Leben wünsch ich dir!" Wenn sie spürt, daß er sich langweilen könnte, soll sie sich krank stellen oder sagen, wie glücklich sie sein würde, wenn sie von ihm schwanger werden könnte. Sie soll die guten Eigenschaften anderer Leute nicht loben und diejenigen Fehler bei anderen, die ihr Liebhaber selbst hat, niemals zu merken scheinen. Sie soll irgendeinen Gegenstand, den er ihr gegeben hat, beständig bei sich tragen. Aber sie soll vermeiden, seine eigenen Schmucksachen anzulegen, und sie soll sich des Trankes und der Speise enthalten, sobald sie ihn leidend sieht, krank, mutlos. Wenn ihn irgendein Unheil getroffen hat, so soll sie ihn trösten und sein Leid mit ihm teilen. Wenn er das Land freiwillig verlassen will, oder wenn er vom König in die Verbannung geschickt wird, so soll sie bitten, ihn begleiten zu dürfen. Sie soll ihm sagen, daß sie kein anderes Begehren, keinen anderen Wunsch mehr hätte, als nur mit ihm ewig vereint zu sein und vereint zu bleiben. Wenn er Reichtum erlangt, oder wenn er irgendeinen erwünschten Erfolg davonträgt, soll sie den Göttern Opfer bringen, die sie vorher für diesen Fall gelobt hat. Opfer soll sie auch bringen, wenn er von irgendeinem Unwohlsein oder einer Krankheit geheilt ist. Jeden Tag soll sie ihren Schmuck vor ihm anlegen und sich in seiner Nähe nicht zu frei betragen. In ihren Liedern soll sie ihren Namen und den Namen seiner Familie zusammenbringen. Sie soll ihre Hand auf seine Wangen legen, auf seine Brust, auf seine Stirn. Wenn er sich darüber erfreut zeigt, soll sie deutlich zeigen, welches Vergnügen es ihr bereitet, ihn zufrieden zu stellen. Sie soll sich auf seine Knie setzen und dort einschlafen. Immer soll sie ihm wiederholen, wie gern sie ein Kind von ihm haben, stets ihm sagen, daß sie keine Stunde länger leben möchte, als er. Niemals soll sie seine Geheimnisse enthüllen oder verraten. Von Gelübden, die er machen will, von Fasten, die er einhalten möchte, soll sie ihn abhalten, indem sie ihm sagt: „Laß es meine Sache sein, für deine Sünden zu büßen". Wenn es ihr aber unmöglich ist, ihn in dieser Weise zu beeinflussen, so soll sie sein Gelübde und seine Fasten teilen. Aber sie soll ihm vorstellen, wie schwierig es sei, Gelübde und Fastenzeiten zu halten, auch für sie, wenn sie etwa über einen solchen Gegenstand einen kleinen Streit mit ihm hätte. Für sein Vermögen, für seinen Besitz sorge sie gerade wie für ihr Eigentum, ohne den geringsten Unterschied zu machen. Sie soll vermeiden, sich ohne ihn in der Öffentlichkeit, bei Vergnügungen und in Gesellschaft zu zeigen. Sobald er den Wunsch danach ausdrückt, begleite sie ihn stets. Er soll ihr ein Vergnügen machen, sich mit Dingen zu beschäfti-

Von der Kurtisane, die mit einem Manne lebt II

gen, die auch ihn schon beschäftigt haben, sie soll die Reste seiner Mahlzeit essen, sie soll seine Familie und seinen Charakter, auch seine Kaste geziemend ehren, seine Hautfarbe lieben, seine Heimat, seine Freunde, seine guten Eigenschaften, sein liebenswertes Naturell. Sie soll ihn zum Singen auffordern, wenn er singen kann, sie soll ihn, ohne Furcht zu zeigen, aufsuchen und dabei kein Wetter scheuen, keine Kälte, keine Hitze, keinen Regen. Sie sage ihm, daß sie noch im Jenseits seine Geliebte sein möchte. Sie richte ihren eigenen Geschmack und all ihr Tun und Lassen ganz nach seinen Wünschen und Neigungen ein. Sie treibe keine Zauberkünste. Sie tue so, als ob sie sich mit ihrer Mutter stets wegen ihrer Besuche bei ihm stritte, und wenn die Mutter sie mit Gewalt an einen anderen Ort bringen will, drohe sie, daß sie sich vergiften, umbringen, aufhängen, daß sie vor Hunger sterben würde, wenn man sie von ihrem Freunde trennen wollte. Durch ihre Vertrauensleute bringe sie ihm vollstes Zutrauen zu ihr, in ihre Liebe zu ihm und in ihren Charakter bei. Muß sich der Mann auf eine Reise begeben, so soll sie ihn beschwören, recht bald zu ihr zurückzukehren. Während seiner Abwesenheit enthalte sie sich der von der Religion vorgeschriebenen Reinigungen und trage keinen anderen Schmuck als glückbringende Amulette. Wenn die für seine Rückkehr festgesetzte Zeit vorüber ist, so suche sie den wirklichen Zeitpunkt seines Wiederkommens zu erfahren, aus den Äußerungen seiner Nachbarn, aus gewissen Vorzeichen, auch befrage sie darüber die Sterne und den Mond, sie beachte auch genau die Stellung der Planeten. Bemerkt sie ein glückliches Zeichen, hat sie einen Gutes verheißenden Traum, so soll sie sprechen: „Wäre ich doch bald wieder mit ihm vereint". Verfällt sie aber in Melancholie, bemerkt sie ungünstige Vorzeichen, so soll sie sogleich jene Zeremonien vornehmen, durch welche die Götter günstig gestimmt werden.

Ist der Liebhaber zurückgekommen, so verrichte sie Gebete zu dem Gotte Kama, dem indischen Liebesgotte, auch erfreue sie die anderen Götter mit Opferspenden. Sie lasse sich von seinen Freunden ein Gefäß mit reinem Wasser bringen und bezeige dann den Krähen ihre Verehrung, welche die Opferspenden verzehren, die man den Geistern der verstorbenen Vorfahren darbringt. Wenn er sich zum ersten Mal wieder in Liebe mit ihr vereinigt hat, so bitte sie auch den Liebhaber, einige rituelle Gebräuche, wie die Religion sie vorschreibt, auszuüben, um ihn auf diese Weise noch fester und inniger an sich zu ziehen.

Man sagt, ein Mann ist dann einer Frau wirklich hingegeben, wenn er sieht, daß ihre Liebe uneigennützig ist, wenn er sich in all seinen Neigungen stets mit der Geliebten begegnet, wenn er ganz frei von Eifersucht ist und wenn er mit ihr nicht kleinlich und knauserig in Geldangelegenheiten verfährt.

Das ist die Art, wie eine Kurtisane mit einem Manne wie verheiratet leben muß.

Hier ist das alles aufgezeichnet, weil diese Leitsätze als Führer dienen sollen; alles ist nach der alten Regel Dattakas aufgezeichnet. Was hier aber nicht geschrieben steht, das muß eine jede Frau so ausführen, wie es die Landessitte vorschreibt und wie ihr eigener Charakter es ihr zu tun anweist.

Alte Verse sagen über diesen Gegenstand: „Die wahre Größe der Liebe der Frauen ist schwer zu erkennen, selbst von denen, die ihrer Liebe Gegenstand und Ziel sind. Das kommt daher, weil die Frauen

Von der Kurtisane, die mit einem Manne lebt II

so schwer durchschaubar sind, auch ihre Habsucht und die ganze Feinheit und List der weiblichen Art sind die Ursache davon".

„Fast niemals kennt man das wahre Gesicht der Frauen, mögen sie die Männer lieben, mögen sie ihnen gegenüber gleichgültig sein. Mag man ihnen alle Freuden der Welt bereiten, mag man sie verstoßen: man kennt sie nicht, ja selbst dann, wenn es den Frauen gelungen ist, das ganze Geld eines Mannes an sich gebracht zu haben, so kennt man sich doch noch nicht mit ihnen aus".

Geld kann man auf zwei Arten von einem Liebhaber erlangen:
Durch natürliche und gesetzmäßige, erlaubte Mittel und durch Listen und Kunstgriffe. Einige alte Autoren sind der Meinung, daß eine Kurtisane dann keine Listen und Kunstgriffe anwenden darf, wenn sie von ihrem Liebhaber so viel Geld erhält, wie sie zur Bestreitung ihrer Bedürfnisse nötig hat. Aber Vatsyayana meint, daß sie ihre Einkünfte verdoppeln kann, wenn sie auch noch List und Kunstgriffe anwendet und daß sie deshalb natürlicherweise auch alle nur möglichen Tricks anwenden wird, um dem Liebhaber das Geld aus der Tasche zu ziehen.

Die Mittel, Geld von einem Liebhaber zu bekommen, sind folgende:

1. Sie wird sich von ihrem Liebhaber Geld erbitten, um Schmucksachen, Nahrungsmittel, Getränke, Blumen, Parfüms und Kleider einzukaufen. Sie wird aber diese Gegenstände nicht wirklich kaufen, sondern ihm nur sagen, daß sie diese Dinge nötig hat, oder sie wird nur billige Gegenstände einkaufen, so daß ihr noch Geld übrig bleibt.
2. Sie wird ihn ins Gesicht loben und seine Klugheit preisen.
3. Sie wird sagen, daß sie verpflichtet sei, bei den Festmählern Geschenke zu machen, oder daß sie Gelübde abgelegt hätte und daß sie den Göttern Bäume pflanzen müßte, daß sie ihren Gärten und Tempeln Gaben versprochen hätte.
4. Sie wird ihm sagen, daß sie auf dem Weg zu ihm die Wächter des Königs oder Räuber ihre Schmucksachen entrissen hätten.
5. Sie wird ihm klagen, daß ihr Haus durch Feuer oder durch Einsturz oder durch die Nachlässigkeit ihrer Dienerschaft zerstört sei.
6. Sie wird vorgeben, seinen und ihren Schmuck verloren zu haben.
7. Sie wird ihm durch dritte Personen sagen lassen, welche Ausgaben sie sich gemacht hat, nur um ihn sehen zu können.
8. Sie wird auf den Namen ihres Freundes Schulden machen.
9. Sie wird so tun, als hätte sie mit der Mutter Streit, wegen einer Ausgabe, die sie seinetwegen gemacht hätte, und sie wird ihm sagen, daß ihre Mutter mit dieser Ausgabe nicht einverstanden wäre.
10. Sie wird ihren Freund nicht zu Festen in die Häuser seiner Freunde begleiten und wird ihm sagen, daß sie sich schäme, ohne Geschenke bei ihnen zu erscheinen, nachdem sie bei ähnlichen Gelegenheiten von ihnen so schöne und reiche Geschenke erhalten hätte.
11. Sie wird an gewissen Zeremonien nicht teilnehmen, unter dem Vorwande, daß sie dazu kein Geld hätte.
12. Sie wird auf Rechnung ihres Freundes Künstler in ihr Haus einladen, die dort ihre Vorstellungen geben sollen.
13. Sie wird sich mit Ärzten und hohen Beamten zusammentun und ihrem Freunde sagen, daß sie für diese und jene Zwecke Geld nötig hätte: sei es für den Arzt, sei es, um einen Beamten zu bestechen.
14. Sie wird ihre Freunde und Wohltäter beschenken, sei es bei Festen, sei es, daß diese sich gerade im Unglück befinden.
15. Sie wird im Hause großen Aufwand treiben.
16. Sie wird sagen, sie müßte den Sohn einer Freundin für die Hochzeit ausstatten.
17. Sie müßte besondere Gelüste während ihrer Schwangerschaft befriedigen.
18. Sie wird sich krank stellen und wird ihm die Kostenrechnung senden.
19. Sie wird erzählen, sie müßte einem Freund aus einer Verlegenheit helfen.
20. Sie wird ein paar Schmuckstücke verkaufen, um ihrem Liebhaber ein Geschenk zu machen.
21. Mit Hilfe eines Kaufmanns, der eingeweiht ist und nur eine Rolle in dieser Komödie spielt, wird sie zum Schein einen Teil ihres Schmucks, ihrer Möbel, ja ihrer Gebrauchsgegenstände verkaufen lassen.

Wie man zu Geld kommt III

Über die Zeichen, welche verraten, daß ein Liebhaber sich zu langweilen beginnt und über die Art und Weise, sich alles Üble vom Hals zu schaffen

22. Sie wird sagen, daß sie für ihre Küche wertvolle Geräte und Sachen nötig hätte, daß sie sich diese teueren Dinge deswegen kaufen wollte, damit sie nicht in die Gefahr käme, daß sie ihr von ihrem Personal verwechselt oder gegen andere von geringerem Wert ausgetauscht werden würden.
23. Sie wird den Liebhaber stets daran erinnern, wie freigebig er im Anfang ihrer Liebe gewesen sei, und sie wird ihm stets durch ihre Freundinnen und Dienerinnen davon erzählen lassen.
24. Sie wird ihm von den großen Reichtümern der anderen Kurtisanen in der Stadt erzählen, von den großen Geschenken, die sie erhalten haben.
25. In Gegenwart ihres Liebhabers wird sie den anderen Kurtisanen sagen, daß die Geschenke, die ihr Freund ihr macht, noch weit größer wären, als diejenigen, die jene von anderen Männern erhalten, auch wenn das keineswegs wahr ist.
26. Sie wird ihrer Mutter offenen Widerstand entgegensetzen, wenn diese sie überreden will, andere Freunde zu nehmen, von denen stadtbekannt ist, daß sie ihren Geliebten großartige Geschenke machen.
27. Endlich wird sie den Geliebten die Freigebigkeit anderer Männer vorhalten, die sich um ihre Gunst bewürben.

Auf diese Art und Weise kann eine Kurtisane zu Geld kommen. An der Veränderung seines Charakters, an seiner Haltung, seinem Betragen, ja an der Veränderung seiner Gesichtsfarbe soll eine Frau stets die seelische Verfassung ihres Freundes und seine Stimmung gegen sie, seine Einstellung zu ihr erkennen.

Ein erkaltender Liebhaber wird sich folgendermaßen gegen seine Freundin verhalten:

1. Er gibt ihr weniger als sie gebraucht, oder er gibt ihr etwas anderes, als was sie erbeten hat.
2. Er läßt sie in Ungewißheit mit seinen Versprechungen.
3. Er sagt ihr, daß er dies und das tun wird, und er tut dann ganz etwas anderes.
4. Er kommt ihren Wünschen nicht mehr nach.
5. Er erfüllt seine Versprechungen nicht mehr, oder er tut etwas anderes, als was er versprochen hat.
6. Er spricht mit seinen Dienstboten in Anwesenheit der Geliebten in einer

Wie man zu Geld kommt III

vieldeutigen und geheimnisvollen Weise.
7. Er verbringt eine Nacht außerhalb, unter dem Vorwande, für einen Freund etwas verrichten zu müssen.
8. Endlich spricht er heimlich mit den Dienerinnen einer Frau, die er früher gekannt hat.

Sobald eine Kurtisane merkt, daß ihr Liebhaber sich ihr gegenüber zu ändern beginnt, soll sie alles Wertvolle, was ihr gehört, schnell in Sicherheit bringen, ehe er ihre Absichten erkennt. Sie soll sich von einem Scheingläubiger hart bedrängen lassen, wegen einer angeblichen hohen Schuld und soll ihm schließlich ihre Wertsachen einhändigen. Ist der Freund reich und hat er sich immer gut gegen sie benommen, so soll sie ihn auch weiterhin mit Anstand behandeln, wenn er aber arm ist und weiter keine Hilfsmittel mehr hat, die ihr nützen könnten, so soll sie sich ihn schnell vom Halse schaffen, als hätte sie ihn niemals gesehen.

Dies sind die Mittel, einen Liebhaber abzuschütteln:
1. Sie stelle die Gewohnheiten und Laster des Liebhabers als hassenswert und abscheulich hin. Sie verziehe spöttisch die Lippen und stampfe ungeduldig und angeekelt mit dem Fuße auf.
2. Sie soll ihm von Dingen erzählen, die er nicht kennt, die ihn langweilen.
3. Sie soll sein Wissen und Können nicht mehr bewundern, sondern ihn unaufhörlich kritisieren.
4. Sie soll seinen Stolz verletzen.
5. Sie soll die Gesellschaft von Männern suchen, die ihm an Rang und Können überlegen sind.
6. Sie zeige ihm bei den verschiedensten Gelegenheiten ihre Geringschätzung.
7. Sie soll die Männer scharf kritisieren, welche dieselben Fehler haben wie er.
8. Sie drücke ihm aus, daß seine Art, den Geschlechtsgenuß und Liebesgenuß zu gestalten, ihr sehr mißfällt.
9. Sie lasse sich nicht mehr von ihm auf den Mund küssen.
10. Sie verweigere ihm ihren „Jaghana", das ist der Teil des Körpers zwischen dem Nabel und den Lenden.
11. Sie empfinde Ekel vor den Wunden, die seine Zähne, seine Nägel ihr zugefügt haben.
12. Sie dränge sich nicht an ihn heran, wenn er sie umarmt.
13. Während des Geschlechtsaktes bleibe sie teilnahmslos und unbeweglich.

Über die Zeichen, welche verraten, daß ein Liebhaber sich zu langweilen beginnt und über die Art und Weise, sich alles Üble vom Hals zu schaffen

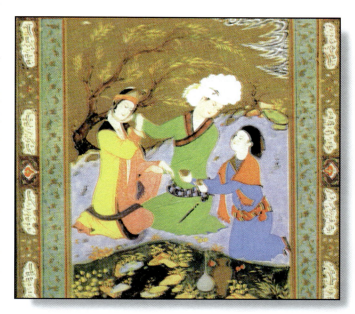

Wie man zu Geld kommt III

14. Wenn er aber ermüdet ist, soll sie ihn wieder zum Liebesgenuß aufstacheln.
15. Sie verlache ihn wegen seiner Anhänglichkeit.
16. Sie erwidere seine Liebkosungen nicht.
17. Wenn er sie umarmen will, entweiche sie.
18. Sie stelle sich schlaftrunken, wenn er sich ihr nähern will.
19. Wenn sie merkt, daß er gern den ganzen Tag bei ihr sein möchte, gehe sie aus, um einen Besuch zu machen oder lasse schnell andere Gäste zusammenholen.
20. Sie tue so, als verstände sie ihn schwer.
21. Sie lache ohne jeden Grund, wenn er aber einen Scherz macht, so lache sie über etwas ganz anderes.
22. Sie wende sich mit Seitenbemerkungen an ihre Dienerinnen und klatsche in die Hände, während er spricht.
23. Wenn er etwas erzählt, unterbreche sie ihn und fange ihrerseits an, etwas anderes zu erzählen.
24. Sie sprenge seine Fehler und Laster unter den Leuten aus und erkläre ihn als unverbesserlich.
25. Sie sage ihren Dienerinnen klug berechnete Worte, um das Herz ihres Liebhabers zu treffen und tödlich zu verletzen.
26. Wenn er zu ihr kommt, sehe sie ihn zu Fleiß nicht an.
27. Sie erbitte Dinge von ihm, die er ihr, wie sie genau weiß, niemals geben kann.
28. Und endlich jage sie ihn davon.

Auch über diesen Gegenstand singen alte Verse:

„Die Pflicht der Kurtisane besteht darin, nach genauer Prüfung mit passenden Männern enge Beziehungen anzuknüpfen, dem ergeben zu sein, mit dem sie lebt, Reichtum von dem zu gewinnen, der ihr zugetan ist, aber denjenigen sofort davon zu jagen, den sie vollständig ausgeplündert hat".

„Eine Kurtisane, die nach diesen Regeln wie eine verheiratete Frau lebt, hat keinen Ärger mit einer großen Zahl von Liebhabern, und sie wird nicht weniger Annehmlichkeiten und Reichtum gewinnen".

Über die Wiedervereinigung mit einem alten Liebhaber IV

Wenn eine Kurtisane einen Freund davongejagt hat, nachdem sie ihn seines Vermögens beraubte, darf sie darüber nachdenken, ob es nicht möglich wäre, daß sie sich wieder mit einem ihrer alten Liebhaber einließe. Aber sie soll sich nur dann mit ihm einlassen, wenn er wieder zu Geld gekommen ist, oder wenn ihm noch genug Geld verblieben ist, um ihr viel geben zu können, oder wenn sie wirklich Zuneigung für ihn empfindet. Lebt dieser andere Mann aber gerade mit einer anderen Frau, so soll sie, bevor sie handelt, alles genau überdenken.

Ein solcher Mann soll sich in einer der folgenden Lagen befinden:

1. Er kann die erste Frau aus eigenem Antriebe und seither sogar noch eine andere verlassen haben.
2. Er kann von den beiden Frauen einen Korb erhalten haben.
3. Er kann die eine der beiden Frauen aus eigenem Antriebe verlassen haben, während ihn die andere ihrerseits verabschiedet hat.
4. Er kann von einer der beiden Frauen aus eigenem Antriebe verlassen worden sein und mit einer anderen leben.
5. Er kann von der einen verabschiedet worden sein und die andere auf seinen Wunsch verlassen haben.
6. Er kann von einer dieser Frauen verabschiedet worden sein und mit einer anderen leben.

Das wird im folgenden noch weiter erläutert:

1. Wenn der Mann beide Frauen aus eigenem Antrieb verlassen hat, so ist kein Grund, sich Mühe zu geben, ihn zurückzugewinnen, weil er flatterhaft ist, weil er für die guten Eigenschaften der beiden Frauen keinen Blick gehabt hat.

2. Wenn der Mann von einer der beiden Frauen verabschiedet worden ist, und zwar von der zweiten, wenn diese aus der Erwägung gehandelt hat, daß sie vielleicht von einem anderen Manne noch mehr Geld ziehen könnte, so ist Grund genug, wieder mit ihm anzuknüpfen, denn wenn er für die erste Frau noch ein wenig Zuneigung empfindet, so wird er ihr jetzt mehr Geld geben, aus Eitelkeit und um die andere Frau zu kränken. Wenn er aber wegen seiner Armut oder wegen seines Geizes verabschiedet worden ist, dann gibt es keinen Grund, wieder mit ihm anzufangen.

3. Wenn der Mann eine Frau freiwillig verlassen und von der anderen eine Abweisung erfahren hat, so kann die erste Frau schon wieder mit ihm anfangen, wenn er zustimmt, ihr im voraus eine größere Summe Geldes zu geben. In diesem Falle darf sie ihn unbedenklich wieder als Liebhaber annehmen.

4. Für den Fall, daß ein Mann von einer Frau verlassen worden ist und mit einer anderen lebt, muß die erste, wenn sie ihn etwa wiedergewinnen will, zunächst Klarheit darüber haben, ob er sie vielleicht nur deswegen verlassen hat, um bei einer anderen Frau etwas ganz Außergewöhnliches zu erleben. Hat er nicht gefunden, was er gesucht hat, so mag er vielleicht geneigt sein, zu der ersten Frau zurückzukehren, ja er wird vielleicht sogar bereit sein, ihr viel Geld zu geben, aus der Erwägung, daß sie sich stets gut gegen ihn betragen hat und weil er immer noch Zuneigung für sie empfindet. Hat er vielleicht gar bei der zweiten Frau sehr viele Fehler gefunden, so wird er selbst den Wunsch, die Neigung haben, bei der ersten Vorzüge zu sehen, die sie in Wirklichkeit gar nicht hat, und er wird sicher bereit sein, ihr für diese eingebildeten Vorzüge viel Geld zu geben. Auch wird die Frau genau prüfen und überlegen, ob es sich etwa um einen schwachen Mann handelt, oder um einen solchen, der es liebt, sich mit vielen Frauen zu ergötzen, oder ob er vielleicht eine Arme geliebt, oder ob er nichts für die Frau getan oder ausgegeben hat, mit welcher er lebt: wenn sie das alles gut in Erwägung gezogen hat, wird sie sich entscheiden können, ob sie sich wieder mit ihm verständigen soll oder nicht.

5. Wenn es sich um einen Mann handelt, der von einer der Frauen verabschiedet worden ist, während er die andere von sich aus verlassen hat, so muß die erste Frau, falls sie wieder mit ihm anfangen möchte, genau überlegen, ob er noch etwas für sie empfindet und ob er deswegen geneigt sein wird, viel Geld für sie auszugeben. Auch muß sie bedenken, ob er nicht trotz aller Anerkennung ihrer guten Eigenschaften doch noch Lust haben würde, sich mit einer anderen Frau einzulassen. Auch könnte es der Fall sein, daß er von ihr seinerzeit verabschiedet worden ist, ehe sie all

Über die Wiedervereinigung mit einem alten Liebhaber IV

seine geschlechtlichen Wünsche ganz gesättigt hat und daß er nun nicht zu ihr zurückzukehren wünscht, weil er über die Beleidigung, die sie ihm angetan hat, erbost ist. Oder ob er nicht etwa die Absicht hat, ihr soviel Vertrauen einzuflößen, daß es ihm gelingen könnte, ihr das Geld wieder herauszulocken, daß er ihr einst gegeben hat, so daß er sie also zum Schluß ruinieren würde. ... Oder ob er nicht etwa nur die Absicht hat, sie mit ihrem gegenwärtigen Liebhaber zu entzweien, um dann selbst wieder mit ihr zu brechen. Hat sie das alles überdacht, ist sie trotzdem zu der Überzeugung gekommen, daß seine Absichten ernsthaft und nicht schlecht sind, so kann sie von neuem mit ihm beginnen, aber wenn sie glaubt, daß seine Absichten nicht lauter sind, soll sie lieber auf eine solche Liebschaft verzichten.

6. Wenn ein Mann von einer Frau verabschiedet worden ist und nun, während er mit einer anderen lebt, schon wieder Versuche macht, zu der ersten zurückzukehren, so muß die Kurtisane, ehe sie handelt, genau überlegen, was sie tut. Während die andere Frau noch damit beschäftigt ist, den Mann ganz für sich zu erobern, soll sie im Verborgenen, klug hinter der Szene bleiben, alles tun, um ihn für sich zurückzugewinnen, indem sie sich selbst stets folgendes vorhält:

1. Ich habe ihn ohne rechten Grund, ja ungerechter Weise verabschiedet. Während er jetzt mit einer anderen Frau verbunden ist, muß ich mein Möglichstes tun, um ihn wieder für mich zurückzugewinnen.
2. Wenn er nur einmal mit mir plaudern würde, bräche er gewiß sofort mit der anderen.
3. Dank meines alten Liebhabers würde ich den Stolz des jetzigen etwas dämpfen.

Über die Wiedervereinigung mit einem alten Liebhaber IV

4. Er ist reich geworden, er hat eine schöne Stellung, er hat ein hohes Amt am Hofe.
5. Er lebt von seiner Frau getrennt.
6. Er ist jetzt ganz unabhängig.
7. Er lebt ganz für sich, unabhängig von seinem Vater, seinem Bruder.
8. Wenn ich wieder die Hand auf ihn lege, bekomme ich einen reichen Mann; nur mein jetziger Liebhaber hindert mich daran, mit ihm meinen Frieden zu machen.
9. Wenn seine Frau ihn nicht so schätzt, wie er es verdient, könnte ich sie vielleicht auseinanderbringen.
10. Der Freund dieses Mannes liebt meine Rivalin, die mich von Herzen verabscheut. Freunde ich mich wieder mit meinem alten Liebhaber an, gewinne ich auch Einfluß auf seinen Freund, und es ergibt sich vielleicht die Gelegenheit, ihn von seiner Geliebten zu trennen.
11. Schließlich werde ich, wenn ich ihn zu mir zurückhole, ihn in Mißkredit bei den anderen Frauen bringen, denn sie werden ihn dann für einen flatterhaften und unzuverlässigen und unbeständigen Mann halten.

Wenn eine Kurtisane einen alten Liebhaber wieder in Gnaden aufnehmen will, so wird ihr Pithamarda, ihr Vertrauter, oder eine ihrer Dienerinnen ihm sagen, daß er damals nur durch die Ränke und Gehässigkeit der Mutter verabschiedet worden sei, daß das Mädchen ihn noch geradeso wie am ersten Tage, ja noch viel mehr liebe und daß sie sich damals nur dem Willen seiner Mutter hätte fügen müssen, daß es in dem Zusammensein mit seinem jetzigen Liebhaber geradezu litte und daß es diesen einfach verabscheue. Sie werde Vertrauen zu dem Mädchen in ihm wecken, indem sie ihm von seiner alten Liebe zu ihr erzählen, und sie werden ihm auch berichten, daß sie dieses und jenes Zeichen seiner Liebe noch in treuer Erinnerung aufbewahrt. Dann wird er sich irgendeiner Besonderheit ihrer Liebesspiele erinnern: er wird plötzlich daran denken, wie er sie geküßt hat, in welcher erregenden und besonderen Art er den Akt mit ihr vollzogen hat.

Daß ist die Art und Weise, eine neue Verbindung mit einem alten Liebhaber einzugehen.

Wenn eine Frau die Wahl zwischen zwei Liebhabern hat, zwischen einem, den sie von früher her schon kennt und einem anderen, der ihr noch fremd ist, so ist dem ersten nach Meinung der alten Weisen der Vorzug zu geben, denn weil das Mädchen schon seine Neigungen, seine Liebhabereien, seinen Charakter ein wenig kennt, so wird es ihm leichter fallen, sich ihm jetzt noch viel angenehmer zu machen. Vatsyayana dagegen ist der Meinung, daß ein alter Liebhaber, der für eine Frau schon einen großen Teil seines Vermögens ausgegeben hat, keine Lust mehr zu neuen großen Ausgaben haben kann und daß er deswegen weniger Zutrauen verdient, als ein Fremder, doch kann natürlich, dank der Mannigfaltigkeit der menschlichen Natur, auch ein Fall eintreten, der zu diesen Grundregeln im vollsten Widerspruch steht.

Auch über diesen Gegenstand sind alte Verse aufgezeichnet:

„Die Wiedervereinigung mit einem alten Liebhaber kann aus vielen Gründen wünschenswert sein, wenn man etwa diese oder jene Frau von diesem oder jenem Manne, wenn man den und jenen Mann von der und jener Frau trennen will oder wenn man den Wunsch hat, auf den Liebhaber der Stunde einen besonderen Eindruck zu machen".

„Wenn ein Mann einer Frau sehr zugetan ist, will er sie um keinen Preis mit anderen Männern sehen und wissen. Er ist dann blind für all ihre Fehler und wird ihr sehr viel Geld geben, aus Furcht, daß sie ihn sonst verlassen könnte".

„Eine Kurtisane muß gegen den Mann, der ihr zugetan ist, stets sehr liebenswürdig sein, und sie muß den abweisen, der keine Aufmerksamkeiten für sie hat. Erhält sie, während sie mit einem Manne lebt, von einem anderen eine Botschaft, so muß sie entweder jede Verbindung mit ihm sofort ablehnen, oder sie soll ihm sagen lassen, daß sie vielleicht einmal eines schönen Tages, sei es früher oder später, zu ihm kommen würde. Auf keinen Fall darf sie den Mann verlassen, der ihr zugetan ist, mit dem sie gerade lebt".

„Ehe eine kluge Frau mit einem alten Liebhaber von neuem beginnt, soll sie sich davon überzeugen, ob ihr Bund vom Glück begleitet seien und ob sie in dieser Vereinigung Reichtum, Liebe und Freundschaft finden dürfte".

Wie eine Kurtisane zu Geld kommen kann V

Wenn eine Kurtisane mit einem großen Freundeskreis jeden Tag viel Geld gewinnen kann, darf sie sich nicht an einen einzigen Liebhaber binden. Wenn sie in dieser Lage ist, mache sie einen festen Preis für eine Liebesnacht, nachdem sie alle Umstände von Zeit und Ort genau bedacht, auch sich darüber Rechenschaft gegeben hat, welche Hilfsmittel und Einkünfte ihr Liebhaber besitzt. Natürlich muß sie auch ihre guten Eigenschaften, ihre Schönheit, ihr Temperament in Rechnung stellen, auch muß sie sich nach den Preisen der anderen Kurtisanen richten. Sie kann ihren Freunden, ihren Bekannten und ihren Liebhabern ihren Tarif mitteilen, wenn sie will. ... Hat sie trotzdem das Glück, von einem einzigen Liebhaber viel Geld zu bekommen, so darf sie sich ihm allein anschließen und mit ihm leben, als ob sie mit ihm verheiratet wäre.

Die alten Weisen sind der Meinung, daß eine Kurtisane, wenn sie zu gleicher Zeit Aussicht hat, von zwei Liebhabern viel Geld zu bekommen, denjenigen vorziehen soll, der ihr genau das gibt, was sie zur Bestreitung all ihrer Bedürfnisse braucht. Vatsyayana aber meint, daß sie denjenigen vorziehen soll, der ihr Gold schenkt, weil einzig das Gold anders als alle anderen Dinge, die man leicht erhalten und gewinnen kann, stets seinen Wert behält und weil man sich mit Gold alles besorgen und anschaffen kann, was man nötig hat. Von allen Dingen: Gold, Silber, Kupfer, Glockenmetall, Eisen, Gefäßen aus kostbarem Material, Möbeln, Betten, Ober- und Unterkleidern, Wohlgerüchen, Öl, Getreide, Vieh usw. ist das Gold das Edelste und Höchste.

Wenn eine Kurtisane zwei Liebhaber in Aussicht hat, von denen der eine ebenso schwer wie der andere zu gewinnen ist, oder wenn sie denkt, daß sie von jedem einen hübschen Verdienst haben könnte, so soll sie, ehe sie sich entscheidet, eine Freundin um Rat fragen. Oder sie soll sich nach den persönlichen Vorzügen der Liebhaber entscheiden, vielleicht auch nach den glückbringenden Zeichen, die der eine oder andere an seinem Körper haben mag.

Wenn zwei Liebhaber vorhanden sind, von denen der eine sich der Kurtisane ganz angeschlossen hat, während der andere nur sehr freigebig ist, so soll sie, nach der Meinung der Weisen, den Freigebigen bevorzugen. Vatsyayana dagegen meint, daß sie lieber den anderen erwählen soll, der ihr schon treu ergeben ist, denn ein solcher Liebhaber, meint er, könnte außerdem noch freigebig werden. In der Tat hat man schon oft beobachtet, daß sogar ein Geizhals viel Geld ausgibt, wenn er bis über beide Ohren in eine Frau verliebt ist, ein Mann aber, der von Natur aus freigebig ist, liebt nur selten mit vollster Hingabe. Ist aber einer der beiden Liebhaber arm, der andere dagegen reich, so wird sie natürlich den Reichen erhören und dem Armen den Laufpaß geben.

Wenn unter zwei Liebhabern einer ist, der von Haus aus eine offene Hand hat, während der andere bereit wäre, der Kurtisane irgend einen sehr großen, ihr sehr nützlichen Dienst zu erweisen, so soll sie, nach der Meinung einiger alter

Wie eine Kurtisane zu Geld kommen kann V

Gelehrten, diesem den Vorzug geben. Vatsyayana dagegen meint, ein Mann, der einmal einen solchen wichtigen Dienst erwiesen hätte, wäre leicht der Meinung, daß damit alles gewonnen wäre, daß er mit einem Worte jetzt genug getan hätte, daß er also nicht mehr bereit wäre, noch viel zu geben. Ein Freigebiger dagegen dächte nicht mehr an das, was er einmal gegeben hätte. ... In einem solchen Falle muß sich die Kurtisane einzig und allein mit Rücksicht darauf entscheiden, bei welcher Entschließung, aus welcher Verbindung ihr der größte Nutzen kommen wird.

Wenn einer von zwei Liebhabern ein zur Dankbarkeit geneigter Mensch, der andere dagegen ein freigebiger Mann ist, so soll, nach der Meinung der Alten, der Freigebige den Vorzug haben. Vatsyayana dagegen meint, daß man lieber den Dankbaren anhören sollte, denn die Freigebigen sind, nach seiner Meinung, im allgemeinen hochfahrend, herrisch in ihren Worten und rücksichtslos gegen die anderen. Freigebige Männer können lange mit einer Kurtisane in Verbindung sein, bis sie plötzlich bei ihr einige Fehler entdecken, oder sie lassen sich von einer anderen Frau Übles über ihre Freundin erzählen; dann denken sie nicht an all das Gute, was sie durch ihre Geliebte gehabt haben, sondern sie brechen unbedenklich und auf der Stelle die Beziehung zu ihr ab. Der Dankbare dagegen macht nicht von heute auf morgen einem Liebesverhältnis ein Ende, sondern er denkt stets daran, welch eine große Mühe sich eine Frau gegeben hat, um ihm zu gefallen. Auch in diesem Falle muß die Kurtisane ihre Wahl mit Rücksicht auf die Vorteile in der Zukunft treffen.

Steht eine Kurtisane vor der Wahl, daß sie zu gleicher Zeit entweder einen getreuen Freund oder sehr viel Geld gewinnen kann, so soll sie sich für das Geld entscheiden. Vatsyayana dagegen meint, Geld könnte man jeden Tag gewinnen, aber wenn man einen Menschen vernachlässigt hat, dessen treue Freundschaft zu gewinnen gewesen wäre, würde man sich leicht einen gefährlichen Feind damit schaffen. Auch hier hängt die Entscheidung über die Wahl eines Liebhabers davon ab, was man sich von der Zukunft verspricht.

In einem solchen Falle kann die Kurtisane den Freund vielleicht hinhalten, indem sie ihm sagt, daß sie noch eine kurze Zeit gebunden wäre, daß sie noch Versprechungen einzulösen, noch etwas zu verrichten hätte, daß sie ihn aber bald als Freund annehmen würde. Auf diese Art verliert sie nicht die Aussicht, das Geld zu gewinnen, das man ihr angeboten hat.

Bietet sich die Wahl, viel Geld zu verdienen oder einem großen Unglück oder Unheil zu entgehen, so sind die Weisen der Meinung, daß man sich dann für den Mann entscheiden soll, bei dem die Aussicht ist, viel Geld von ihm zu erhalten. Vatsyayana dagegen meint, daß das Geld am Ende doch in seinen Wirkungsmöglichkeiten begrenzt sei, daß aber ein Unglück, dem man einmal entgangen wäre, nicht wiederkommen könnte.

Wie eine Kurtisane zu Geld kommen kann V

Hier wäre dann wohl die Wahl nach der Größe des drohenden Unglücks zu treffen.

Reichen Gewinn werden die Kurtisanen der höchsten Klasse zu folgenden Ausgaben verwenden:
Sie werden den Göttern Tempel bauen oder ihnen Gärten mit schönen Teichen anlegen, an verschiedene Brahmanen tausend Kühe 1) verteilen, auch sollen sie schließlich je nach ihren Mitteln Gelübde ablegen.

Die anderen Kurtisanen haben in folgender Weise ihre Einnahmen auszugeben:
Sie müssen sich weiße Gewänder kaufen, wie eine Kurtisane sie jeden Tag tragen soll, sie müssen sich Speise und Trank in genügender Menge anschaffen, damit sie nicht Hunger und Durst leiden. Sie sollen jeden Tag wohlriechende Tambula essen, das heißt ein Gemisch von Betelblättern und Betelnüssen, auch sollen sie in Gold gefaßte Steine als Schmuck tragen. Die alten Weisen sagen, daß die Kurtisanen der mittleren und der unteren Klassen ihren ganzen Verdienst für diese Dinge auszugeben hätten, aber Vatsyayana ist der Meinung, daß ihre Einnahmen im voraus weder errechnet noch ganz genau angegeben werden können, da sie ja von so vielen äußeren Umständen abhängen, z.B. von den örtlichen Gebräuchen und Sitten, von den bei den einzelnen Völkern verschiedenen Gewohnheiten, von ihrem eigenen Aussehen und von tausend anderen Zufälligkeiten mehr. Es gibt aber auch Fälle, in denen eine Kurtisane von einem Manne, mit dem sie lebt oder befreundet ist, nur eine kleine Summe Geld und nur auf die allerfreundschaftlichste Weise erbitten darf.

Dies sind z.B. solche Fälle:
• Wenn sie den Mann abhalten will, mit anderen Frauen Verbindungen zu haben.
• Wenn sie einen Mann von einer Frau losreißen will, mit welcher er gerade lebt.
• Wenn sie eine Frau um ihren Verdienst bringen will.
• Wenn sie glaubt, daß sich ihre eigene Lage sehr verbessern und daß sie sich allen anderen Männern begehrenswert machen würde, wenn sie sich gerade mit einem bestimmten Manne einläßt.
• Wenn sie sich mit Hilfe eines Mannes sichern will, um irgendeinem ihr drohenden Unglück zu entgehen.
Wenn sie einem Mann wirklich aus Liebe zugetan ist.
• Wenn sie irgendeinem anderen mit seiner Hilfe schaden will.
• Wenn sie ihm für vergangene Rücksichten, Höflichkeiten, Geschenke usw. dankbar ist.
Schließlich wenn sie durch heißes Verlangen nach seiner Liebe dazu getrieben wird, sich mit ihm zu vereinigen.
Es gibt aber auch Fälle, in denen eine Kurtisane von einem Manne herauslocken kann und darf, was sie will, z. B.:
• Wenn eine Kurtisane ihren erklärten Liebhaber verabschieden und einen anderen nehmen will.
• Wenn sie Grund hat, zu glauben, daß ihr Liebhaber sie bald verlassen wird, um zu seinen eigenen Frauen zurückzukehren.
• Wenn er sein ganzes Geld verschwendet und keinen Groschen mehr in der Tasche hat.
• Wenn Gefahr besteht, daß sein Meister, sein Vormund, sein Vater kommen könnte, um ihn zurückzuholen.
• Wenn der Liebhaber in Gefahr ist, seine Stellung zu verlieren.
• Wenn er ein flatterhafter Geselle ist.

Auch über diese Dinge gibt es alte Verse, die also lauten:

„In Anbetracht ihrer gegenwärtigen und zukünftigen Einnahmen soll eine Kurtisane die Männer meiden, die mit großer Mühe ihr Geld erworben haben, ebenso solche, die hart und eigensüchtig geworden sind, weil sie beim König sehr in Gunst stehen". „Sie wird alles tun, um sich mit solchen Personen zu vereinen, die in guten Vermögensumständen und freigebig sind, oder mit solchen, die man wegen ihrer hohen Stellung weder vernachlässigen, noch auf irgendeine Weise beleidigen darf. Sie wird sogar Opfer bringen, um sich mit energischen und freigebigen Männern zu verbinden, die ihr, wenn sie einmal zufriedengestellt sind, wenn ihre Leidenschaften Sättigung gefunden haben, viel Geld geben werden, ohne daß sie noch viel Mühe davon haben wird".

1) Die Kuh ist für den Inder ein heiliges Tier. Der Genuß von Kuhfleisch ist streng verboten, wie die Kuh überhaupt nicht getötet werden darf.

Von Gewinn und Verlust VI

Es geschieht oft genug, daß man, wenn man sich müht, Einnahmen zu erzielen und daß doch alle Anstrengungen, die man macht, nur mit Verlusten enden. Hier sind die Ursachen:
- Geringe Klugheit.
- Übertriebene Liebe.
- Sinnloser Stolz.
- Ausschweifende Eigensucht.
- Übergroße Dummheit.
- Übertriebene Vertrauensseligkeit.
- Alles Maß überschreitender Jähzorn.
- Faulheit.
- Sorglosigkeit.
- Schlechte Einflüsse von anderen Menschen.
- Besondere Umstände.

Aus solchen Versuchen ergeben sich.
- Kosten ohne Nutzen.
- Schäden, vollständiger Ruin für die Zukunft.
- Verlust von Einnahmen, die sicher vor der Tür standen.
- Man wird aus Ärger zum Sauertopf.
- Menschenfeindschaft.
- Erschütterung der Gesundheit.
- Verlust der Haare und andere Unglücksfälle.

Man soll sich vor Augen halten, daß es drei Arten von Gewinn gibt: Gewinn von Vermögen, Gewinn für das Seelenheil und Gewinn an Vergnügen. So gibt es denn auch drei Arten von Verlust: Vermögensverlust, Verlust der für das Jenseits erworbenen religiösen Verdienste und Verlust an Freude und Vergnügen. Geht man seinem Gewinn nach und stellen sich dabei noch andere Verdienstmöglichkeiten ein, so nennt man diese: Nebeneinnahmen. Ist der Gewinn unsicher, so nennt man den Zweifel, den man darüber hat: den einfachen Zweifel. Zweifelt man, welches von zwei Dingen geschehen oder eintreffen wird, so nennt man einen solchen Zweifel: den gemischten Zweifel. Wenn sich aus einem Unternehmen zwei Resultate ergeben können, so nennt man das: Verbindung von zwei Resultaten. Können sich aber aus einer Handlung und Unternehmung mehrere Folgen und Resultate ergeben, so nennt man das: Verbindung vielfacher Resultate.

Von Gewinn und Verlust VI

Wir wollen an Beispielen zeigen, wie das gemeint ist:

Wie schon gesagt, gibt es drei Arten von Einnahmen, und es stehen ihnen drei Arten von Verlust gegenüber:

a) Wenn eine Kurtisane mit einem Manne in hoher Stellung, mit einem Liebhaber von Rang und Würden lebt und in der Gegenwart viel Geld verdient, sich aber in der Hoffnung, sich für die Zukunft zu sichern und ein Wachsen ihres Reichtums zu erzielen, noch mit anderen Männern

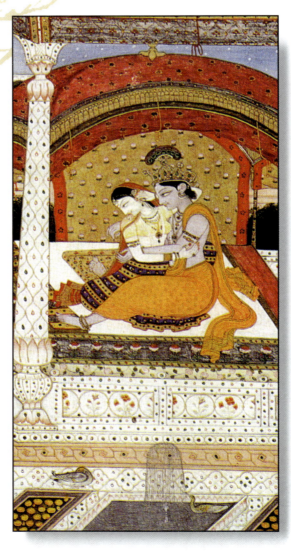

verbindet und auf diese Art von allen Seiten begehrt wird, dann nennt man das einen Reichtumsgewinn mit Nebeneinnahmen.

b) Wenn eine Kurtisane nur mit einem Manne lebt und nur von ihm Geld bekommt, dann ist das Reichtumsgewinn ohne Nebeneinnahmen.

c) Wenn eine Kurtisane noch von anderen Männern als von ihrem Liebhaber Geld bekommt, so können daraus diese Folgen entstehen: sie kann die sichere Zukunft verlieren, die ihr Liebhaber ihr vielleicht bereiten würde. Sie kann die allgemeine Verachtung auf sich ziehen. Schließlich hat sie auch zu befürchten, daß sie eine niedrige Verbindung eingehen muß, die böse Folgen für ihre Zukunft nach sich ziehen kann. Das nennt man dann Reichtumsgewinn mit Verlust.

d) Wenn eine Kurtisane auf ihre eigenen Kosten und ohne Hoffnung auf Gewinn mit einem Manne hohen Ranges oder einem geizigen Hofbeamten sich vereinigt, um auf diese Weise einem großen, ihr drohenden Unglück zu entgehen oder ein Hindernis aus dem Wege zu räumen, das noch zwischen ihr und einem großen Gewinn steht, so nennt man das Reichtumsverlust im Hinblick auf zukünftige Einnahmen.

e) Wenn eine Kurtisane zu einem geizigen Mann oder zu einem anderen, der auf seine Schönheit stolz ist, oder zu einem Undankbaren, der gewöhnt ist, Frauenherzen zu brechen, so gut ist, daß sie sich sogar Ausgaben für

Von Gewinn und Verlust VI

ihn macht, ohne daß sie für sich irgend etwas dabei gewinnt, so nennt man das: Vermögensverlust ohne Gewinn.

f) Wenn eine Kurtisane zu Männern gut ist, wie sie eben beschrieben sind, wenn diese Männer aber Günstlinge des Königs oder mächtig und grausam sind, wenn sie dabei ohne jede Aussicht für sich selbst verfährt und nur die Möglichkeit vor sich sieht, daß sie jeden Tag auf das Pflaster geworfen werden kann, so nennt man das einen Vermögensverlust mit Nebenverlusten.

Ebenso verhält es sich mit Gewinn und Verlust auf religiösem Gebiet wie mit Gewinn und Verlust im Bereich der Lust und des Vergnügens: der Leser selbst kann sich ausmalen, wie viele Möglichkeiten es in solchen Bereichen geben mag.

Wir wollen jetzt noch von den Zweifeln und Bedenken sprechen, die ebenfalls, wie man wissen muß, dreifacher Natur sind: Zweifel und Bedenken über Reichtum, Zweifel über religiösen Verdienst, Zweifel und Bedenken über die Lust und die Vergnügungen der Liebe.

Hier mögen Beispiele folgen:

a) Wenn eine Kurtisane nicht sicher ist, was ein Mann ihr geben oder für sie ausgeben kann, so ist das ein Zweifel über den Reichtum.

b) Wenn eine Kurtisane Bedenken trägt, einen Liebhaber davonzujagen, von dem sie nichts mehr haben kann, wohlverstanden, nachdem sie schon sein ganzes Vermögen an sich gerissen hat, so ist das ein Zweifel auf religiösem Gebiet, denn sie bedenkt, ob sie durch eine solche Handlung nicht ihre religiösen Verdienste verkleinern könnte.

c) Wenn eine Kurtisane einen Mann, den sie haben möchte, nicht besitzen kann, der stets von Familie umgeben ist, oder von einem Mann aus niederem Stande, der ihr freilich gefällt, ihr Vergnügen haben möchte, so ist das ein Zweifel in Hinsicht auf das Vergnügen der Liebeslust.

d) Wenn eine Kurtisane nicht weiß, ob eine mächtige, aber übelgesinnte Person für den Fall, daß sie sich ihr versagen würde, ihr nicht Ärger und Verlust bereiten würde, so nennt man das Zweifel über den Reichtum.

e) Wenn eine Kurtisane nicht sicher ist, ob sie ihr religiöses Verdienst nicht verliert, wenn sie einen ihr zugetanen Mann verlassen würde, ohne ihm auch nur die geringste Gunst zu erweisen und damit sein Unglück in dieser und der jenseitigen Welt 1) verursacht zu haben, so ist das ein Zweifel über den Verlust der religiösen Verdienste.

f) Wenn eine Kurtisane nicht weiß, ob sie nicht Gefahr läuft, die Zuneigung ihres Liebhabers zu verlieren, wenn sie ihm anvertraut, daß sie ihn wirklich liebt, daß sie also damit in die Gefahr kommen könnte, auf die Befriedigung des Lustverlangens durch ihn verzichten zu müssen, so nennt man das Bedenken über das Vergnügen der Liebe.

Über die gemischten Zweifel und Bedenken mögen Beispiele folgen:

a) Der Geschlechtsverkehr oder die Vereinigung mit einem Fremden, von dem man nichts weiß und kennt, der aber durch einen Liebhaber oder eine hochgestellte Person eingeführt sein kann, ist ein unsicheres Unternehmen, das Gewinn und Verlust bringen kann. Hat man Bedenken vor einem solchen Abenteuer, so sind das gemischte Zweifel, gemischte Bedenken.

b) Wenn sich eine Kurtisane, sei es auf Bitten eines Freundes oder aus Mitleid mit einem gelehrten Brahmanen, einem Schüler der Gottesgelehrtheit oder mit einem Asketen eingelassen hat, die alle von ihr so in Liebesglut entflammt zu sein scheinen, daß die Nichtbefriedigung ihrer Leidenschaft zur Folge haben könnte, daß sie erkranken, ja vielleicht sogar sterben würden, so weiß sie nicht genau, ob sie durch diesen Geschlechtsverkehr ihr religiöses Verdienst erhöht oder vermindert: das ist dann ein gemischter Zweifel über den Gewinn oder den Verlust religiöser Verdienste.

c) Wenn eine Kurtisane sich nur auf das Gerede anderer Leute hin mit einem Manne einläßt, ohne genaue Erkundigungen darüber eingezogen zu haben, welche Eigenschaften er im Liebesspiel entwickelt, so kann sie Gewinn und Verlust an Vergnügen haben, je nachdem ob dieser Mann zur Liebe gut oder schlecht geeignet ist. Das ist dann ein Zweifel über

---

1) Die Seelen der Menschen, die gestorben sind, ehe all ihre geschlechtlichen Wünsche erfüllt sind, müssen ihren Durchgang durch die Welt der Geister nehmen, ehe sie in das höchste Licht aufsteigen können.

Von Gewinn und Verlust VI

Gewinn und Verlust an Liebesfreuden.

Uddalaka hat, wie hier folgt, die Möglichkeiten von doppeltem Gewinn und Verlust aufgezeichnet:

Wenn eine Kurtisane mit einem Liebhaber lebt und Geld und Vergnügen dabei hat, so ist das ein doppelter Gewinn.

Wenn eine Kurtisane auf ihre Kosten einen Liebhaber unterhält, ohne Nutzen davon zu haben, wenn der Liebhaber ihr im Gegenteil wieder nimmt, was er ihr einmal gegeben hat, so nennt man das einen doppelten Verlust.

Wenn eine Kurtisane nicht weiß, ob ein neuer Liebhaber sich ihr für längere Zeit anschließen wird und ob er, falls er das täte, ihr etwas geben würde, so nennt man das Zweifel über doppelten Gewinn.

Wenn eine Kurtisane nicht weiß, ob ein alter Gegner, dem sie sich aus eigenem Antrieb nähert, ihr nicht etwas Übles zufügen würde, nur um seine Rache an ihr zu nehmen, oder ob er ihr nicht einmal im Jähzorn das wieder nehmen wird, was er ihr einmal gegeben hat, so nennt man das einen Zweifel über doppelten Verlust.

Auch Babhravya hat solche Fälle doppelten Gewinns und doppelten Verlustes aufgezeichnet:

Wenn eine Kurtisane Aussicht hat, von einem Manne Geld zu bekommen, zu dem sie gehen muß und von einem anderen, zu dem sie nicht zu gehen braucht, so nennt man das doppelten Gewinn.

Wenn eine Kurtisane sich Ausgaben machen muß, um zu einem Manne gehen zu können, wenn sie aber gleichzeitig Gefahr läuft, einen sehr schmerzlichen Verlust zu erleiden, wenn sie nicht zu ihm geht, so nennt man das einen doppelseitigen Verlust.

Wenn eine Kurtisane nicht weiß, ob ein Mann ihr etwas geben wird, wenn sie zu ihm geht, ohne sich übrigens selbst Ausgaben zu machen, oder ob sie nicht, indem sie ihn vernachlässigt, von anderer Seite Einnahmen haben wird, so nennt man das einen doppelseitigen Zweifel über den Gewinn.

Wenn eine Kurtisane nicht weiß, ob ein alter Feind, dem sie sich aus eigenem Antrieb wieder nähern möchte, ihr nicht das entreißen und wegnehmen wird, was er ihr einst gegeben hat, oder ob er ihr nicht, wenn sie nicht wieder mit ihm anfängt, viel Unglück und Ärger bereiten wird, so ist das ein doppelseitiger Zweifel über den Verlust.

Wenn man die oben angeführten Fälle verbindet, so ergeben sich, wie man sieht, sechs Möglichkeiten mit gemischtem Resultat:

Gewinn auf der einen, Verlust auf der anderen Seite.

Gewinn auf der einen Seite, Zweifel am Gewinn auf der anderen.

Gewinn auf der einen Seite, Bedenken über möglichen Verlust auf der anderen.

Verlust auf der einen Seite, Zweifel, ob auf der anderen Seite ein Gewinn möglich wäre.

Zweifel am Gewinn auf der einen, Zweifel am Verlust auf der anderen Seite.

Zweifel über den Verlust auf der einen, sicherer Verlust auf der anderen Seite.

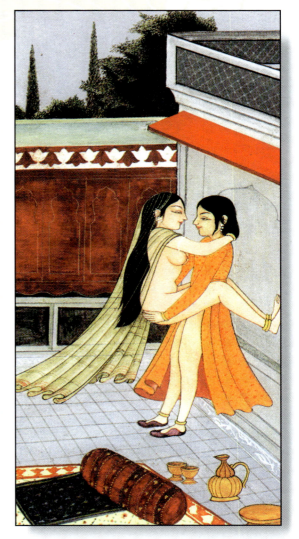

Von Gewinn und Verlust VI

Wenn eine Kurtisane alle Möglichkeiten überdacht, sich auch mit ihren zuverlässigen Freunden beraten hat, so muß sie so handeln, daß sie sich Gewinn, großen Gewinn sichert, auch soll sie sich Garantien gegen ein großes Unglück geben lassen. – Auch das religiöse Verdienst und das geschlechtliche Vergnügen können Gegenstand vielfacher Überlegungen sein, und man kann sie ganz von den Erwägungen und Überlegungen, die den Reichtum betreffen, trennen, man kann aber auch alle drei Gesichtspunkte verbinden, und es ergeben sich dann unzählige, stets neue Möglichkeiten.

Wenn eine Kurtisane geschlechtlichen Verkehr mit mehreren Männern hat, so kann sie von jedem soviel Geld nehmen, wie es ihr Vergnügen macht. Zu bestimmten Zeiten, etwa bei großen Frühlingsfesten, kann sie durch ihre Mutter bekanntgeben lassen, daß sie sich an dem und jenem Tage jedem Manne hingeben werde, der ihr diesen und jenen ihrer geschlechtlichen Wünsche zu erfüllen bereit sei.

Wenn dann die jungen Leute sich ihr nähern, entzückt von diesem Angebot, kann sie überlegen, was von jedem herauszuholen wäre.

Verbindungen von Gewinn und Verlust auf allen Seiten sind folgende: Gewinn auf einer Seite und überall sonst Verlust, Verlust auf einer Seite und sonst überall Gewinn und endlich Gewinn und Verlust gleichzeitig auf allen Seiten.

Eine Kurtisane soll auch die Zweifel über Gewinn und Verlust auf allen Gebieten, mag es sich um Reichtum, um das religiöse Verdienst, um die geschlechtliche Lust handeln, gegeneinander abwägen.

Das ist alles, was über Gewinn und Verlust, über Nebeneinnahmen und Nebenverluste, über Zweifel und Bedenken aufgezeichnet ist.

Die Kurtisanen zerfallen in die folgenden Klassen:
- Kupplerinnen.
- Dienerinnen.
- Unzüchtige, ausschweifende Weiber.
- Tänzerinnen.
- Arbeiterinnen.
- Frauen, die ihre Familien verlassen haben.
- Frauen, die von ihrer Schönheit leben.
- Und endlich die Kurtisanen von Beruf.

All diese verschiedenen Arten von Kurtisanen sind mit den verschiedenen Arten von Männern in Fühlung, und sie haben alle darauf zu sinnen, wie sie Geld von ihnen ziehen können, wie sie ihnen gefallen sollen, wie sie sich von ihnen trennen, um sich wieder mit ihnen zu vereinigen. Sie müssen sich alle Möglichkeiten von Gewinn und Verlust nach allen Richtungen, wie es hier schon dargestellt ist, genau überdenken.

Alte Verse haben über diese Gegenstände das Folgende zu sagen:

„Die Männer wollen Lust, die Frauen Geld: sie haben sich also mit den Mitteln zu beschäftigen, wie man sich bereichert."

„Es gibt Frauen, die Liebe, andere, die Geld haben wollen. Aus dem ersten Teil dieses Buches können die einen lernen, was die Liebe betrifft, die anderen können im zweiten Teile des Buches die Mittel der Kurtisanen zum Geldgewinn kennenlernen."

Siebter Teil
Die Geheimlehre (Die Upanishad)

I

Vom Schmuck, der Verführung der Herzen und über Mittel, welche die Liebeskraft erhöhen

Wenn jemand durch die bis jetzt angegebenen Mittel nicht zum Ziele kommt, den Gegenstand seiner Wünsche zu erobern, so darf er auch andere Mittel anwenden, um sich die Herzen der anderen zuzuwenden.

Wenn auch ein schönes Äußeres, Jugend, Liebeswürdigkeit und ähnliche Eigenschaften die natürlichsten Mittel sind, sich den Augen der Menschen angenehm zu machen, so darf doch ein Mann oder eine Frau, wenn sie über diese natürlichen Mittel nicht verfügen, andere künstliche Mittel anwenden, sie dürfen zur Kunst ihrer Zuflucht nehmen.

Hier sollen zunächst einige Rezepte folgen, die nützlich sein können:

Eine Salbe aus Tabernaemontana coronaria, Costus speciosus oder arabicus und Flacourtia cataphracta wird als Schönheitsmittel angewandt.

Ein Pulver aus den hier angeführten Pflanzen bringe man auf den Docht einer Öllampe; man gewinne dann von dieser Lampe Ruß, indem man die Flamme sehr hoch brennen läßt, und bringe diesen Ruß auf den Augenbrauen an. Er hat die Zauberkraft, einen Menschen, der sich seiner bedient, den Blick anderer angenehm zu machen.

Öl aus Sesam, der Pflanze Sariva, vom gelben Tausendschön und den Blättern der Nymphaea hat, auf den Körper gestrichen, dieselbe Wirkung.

Ein schwarzer Farbstoff, der aus denselben Pflanzen gewonnen wird, hat die gleiche Wirkung.

Wenn ein Mann Pulver aus der Pflanze Nelumbium speciosum, aus blauem Lotus und aus Mesua roxburghii, vermischt mit zerlassener Butter oder Honig, ißt, so wird er den anderen Menschen gefallen.

Dieselben Substanzen erzielen, vermischt mit Tabernaemontana coronaria und Xanthochymus pictorius, einer Salbe zugefügt, dasselbe Resultat.

Wenn ein Mann auf seiner rechten Hand in Gold gefaßt einen Knochen eines Pfaues oder einer Hyäne trägt, wird er den anderen Menschen angenehm.

Wenn jemand ein Armband aus den Beeren der Brustbeere oder kleinem Muschelwerk angefertigt trägt, so wird er den Augen der Menschen ange-

Vom Schmuck, der Verführung der Herzen und über Mittel, welche die Liebeskraft erhöhen I

nehm, wenn diese Armbänder durch die Zaubersegen, die in dem Atharva-Veda aufgezeichnet sind, oder durch Zauberhandlungen von Menschen, die in den magischen Künsten Bescheid wissen, eine Art von Weihe erhalten haben.

Wenn eine Dienerin in das Alter der Reife gekommen ist, so wird ihr Herr und Meister sie von den anderen absondern und sie an einem besonderen Orte einschließen. Deswegen und weil es schwierig geworden ist, sich ihr zu nähern, werden die Männer gerade dieses Mädchen mit Inbrunst begehren, und es wird denjenigen nehmen, der ihm Reichtum und Glück verspricht.

Dies ist ein Mittel, um den Wert einer Person vor den anderen zu erhöhen. Wenn die Tochter einer Kurtisane in das Alter der Reife gekommen ist 1), wird die Mutter eine gewisse Anzahl von jungen Leuten, die im Alter und auch sonst zu ihrem Kinde passen, in ihr Haus einladen lassen, und sie wird ihnen sagen, daß sie demjenigen das Kind geben würde, der ihr Geschenke dieser und jener Art, die sie genau bezeichnet, machen würde.

Die Mutter wird dann dieses Mädchen so abgeschlossen wie möglich halten, und sie wird es mit dem Mann verheiraten, der die bestimmten Geschenke geben kann. Wenn die Mutter keine Geschenke von einem Mann erhalten kann, so wird sie irgend einen Gegenstand nehmen, der ihr gehört und wird sagen, das Mädchen hätte ihn von ihrem Verlobten erhalten.

Oder aber die Mutter stellt sich, als wüßte sie von dem ganzen Liebeshandel nichts und läßt ruhig zu, daß sich das Kind heimlich mit einem Mann seiner Wahl verheiratet. Wenn dann die Ehe vollzogen ist, tut sie, als erführe sie erst jetzt, was geschehen ist und gibt ihre Zustimmung.

Das junge Mädchen wird sich bei den Söhnen reicher Leute, die ihre Mutter nicht kennen, angenehm machen und wird sich mit ihnen während der Gesangstunden oder an Orten, wo man Musik macht, in fremden Häusern treffen. Dann wird sie ihre Mutter durch eine Zwischenträgerin, durch eine ihrer Freundinnen oder Dienerinnen bitten lassen, sie möchte ihr erlauben, sich mit demjenigen zu vereinigen, der ihr am meisten gefällt.

Wenn die Tochter einer Kurtisane auf diese Art einem Manne gegeben worden ist, soll sie ein Jahr lang genau so leben wie eine verheiratete Frau und alle Pflichten einer solchen streng und genau beobachten; dann kann sie wieder tun und treiben, was ihr gefällt. Aber auch nach dem Verlauf dieses Jahres wird sie sich niemals weigern, hin und wieder eine Einladung jenes Mannes anzunehmen, als dessen Frau sie gelebt hat. Sie wird

1. Die Kurtisanen im Orient haben die Gewohnheit, ihre Kinder für sogenannte Zeitehen zu verheiraten, sobald die Töchter in das Alter der Reife gekommen und nach dem Kamasutram und anderen Büchern dieser Art in den Liebeskünsten unterrichtet worden sind.

Vom Schmuck, der Verführung der Herzen und über Mittel, welche die Liebeskraft erhöhen I

dann auf den Gewinn des Augenblicks verzichten und die Nacht bei ihm verbringen.

Diese Ehen, die bei den Kurtisanen sehr beliebt sind, nennt man Ehen auf Zeit und das, was hier davon gesagt ist, wie sie ins Werk gesetzt werden, dient dazu, ihre Beliebtheit zu erhöhen. Was von den Töchtern der Kurtisanen gesagt ist, gilt ebenso für die Töchter der Tänzerinnen, die auch von ihren Müttern stets nur jenen Männern gegeben werden, die ihnen nützlich sein können.

So fängt man es an, wenn man sich in den Augen der anderen angenehm machen will.

Wenn ein Mann mit einer Frau geschlechtlich verkehrt, nachdem er sich sein Glied mit einer Mischung eingerieben hat, die aus einem Pulver aus den Früchten des Stechapfels, aus schwarzem Pfeffer und Honig besteht, so unterwirft er sich diese Frau ganz und gar seinem Willen.

Denselben Erfolg hat die Anwendung einer Mischung von Blättern der Pflanze Vatodbhrata, von Blumen, die im Augenblick vor der Verbrennung auf den Scheiterhaufen auf einen menschlichen Leichnam geworfen sind und von Staub oder Pulver aus einem Knochen eines Pfaues oder des Vogels Jivamjiva.

Denselben Erfolg haben die Überreste einer auf natürliche Weise gestorbenen Kreiszieherin, die man pulverisiert und mit Myrobalancen-Frucht und Honig vermischt hat.

Wenn man sich mit einer Salbe einreibt, die aus der Myrobalance gemacht wird, erwirbt man die Macht, die Frauen seinem Willen zu unterwerfen.

Vom Schmuck, der Verführung der Herzen und über Mittel, welche die Liebeskraft erhöhen I

Man schneide die jungen Triebe der Pflanze Vajrasnuhi in kleine Stücke, tauche sie in eine Mischung von rotem Arsenik und Schwefel und lasse sie siebenmal trocknen. Wenn man mit diesem Pulver, das man dem Honig zusetzen soll, sein Glied eingerieben hat, so unterwirft man eine Frau, sobald man sie besessen haben wird, ganz und gar seinem Willen. Oder man verbrenne in der Nacht die jungen Triebe derselben Pflanze; sieht man durch den Rauch den Mond golden, kann man sicher sein, bei jeder Frau Erfolg zu haben. Oder man werfe dieses Pulver, dem man noch ein wenig Affenkot zugesetzt hat, auf ein Mädchen, das noch Jungfrau ist. Sie wird dann keinen anderen erhören, keinen anderen Mann zur Ehe wählen als denjenigen, der diesen Zauber ausgeübt hat.

Man bestreiche Stücke der „Arris"-Wurzel (Acorus Calamus) mit dem Öl des Mangobaumes, dann lasse man diese so behandelten Stücke der Wurzel sechs Monate in einem Loche liegen, den man in den Stamm des Baumes Sissoo gemacht hat; nach dieser Zeit hole man sie sich wieder und mache aus ihnen eine Salbe. Bestreicht man mit ihr das männliche Glied, so ist das, sagt man, ein sicheres Mittel, die Frauen sich leicht untertänig zu machen.

Man tauche einen Kamelknochen in den Saft der Pflanze Eclipta prostrata, dann verbrenne man ihn und verwahre die schwarze Asche in einer kleinen Dose, die ebenfalls aus einem Kamelknochen gemacht sein muß. Wenn man diese Mischung mit einem Zusatz von Antimon mit einem Pinsel, der ebenfalls aus feinen Kamelknochen gemacht sein muß, auf die Augenbrauen streicht, so wird man sich auch die Menschen leicht zu Willen machen. Diese Mischung gilt übrigens als sehr rein und gesund für die Augen.

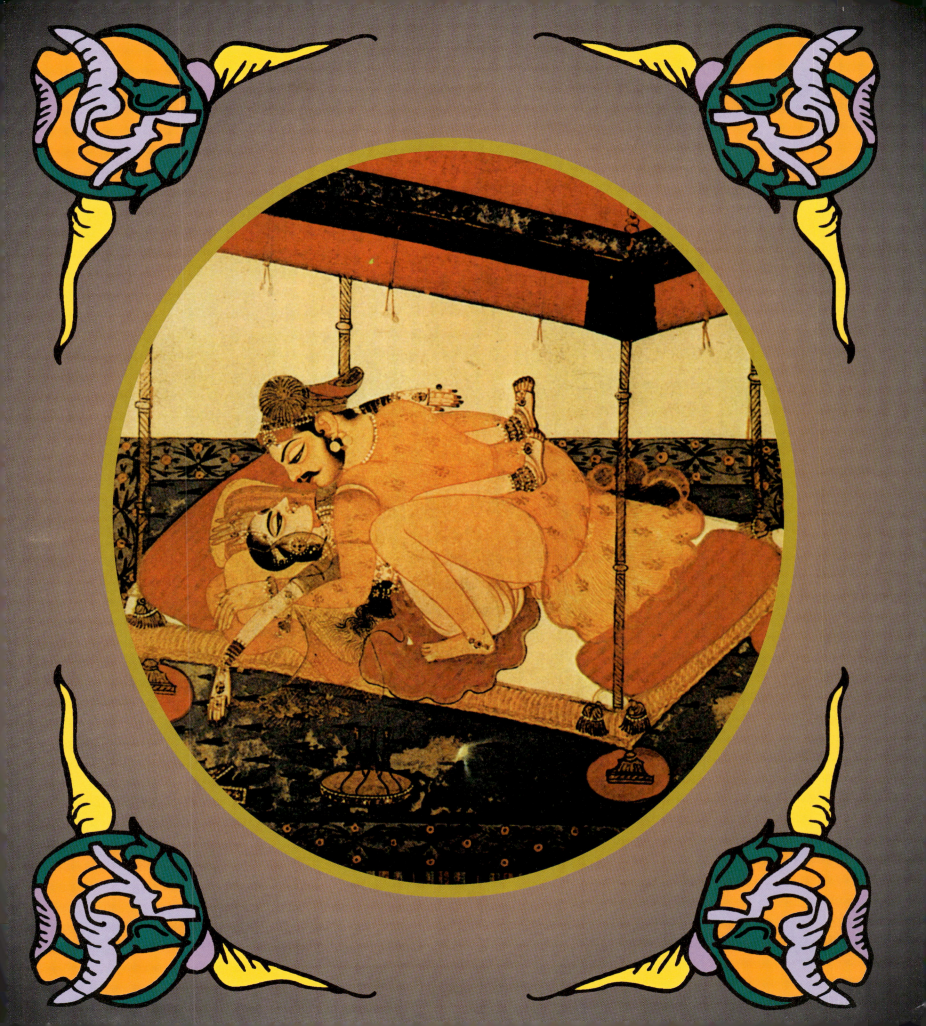

Vom Schmuck, der Verführung der Herzen und über Mittel, welche die Liebeskraft erhöhen I

Eine schwarze Mischung aus Falken-, Geier- und Pfauenknochen hergestellt, hat dieselbe Wirkung.

Das sind die Mittel, um andere sich untertänig zu machen.

Jetzt folgen einige Mittel, die angewandt werden, wenn man die geschlechtliche Kraft erhöhen will:

Ein Mann erhöht seine Sexualkraft, wenn er Milch trinkt, die mit Zucker, mit der Wurzel der Pflanze Uccata,

Vom Schmuck, der Verführung der Herzen und über Mittel, welche die Liebeskraft erhöhen I

mit einem besonderen Pfeffer, Chaba genannt, und Süßholzsaft vermischt ist.

Gezuckerte Milch, in der man den Hoden eines Widders oder eines Ziegenbocks gekocht hat, verursacht dieselbe Wirkung.

Dasselbe gilt von dem Saft der Pflanze Hedysarum gangeticum, der Pflanze Kuili und der Pflanze Kshirika; auch diese Pflanzensäfte müssen der Milch zugesetzt werden.

Ähnlich ist die Wirkung, wenn man den Samen vom „langen" Pfeffer mit dem Samen von Sanseviera roxburghiana und Hedysarum gangeticum zerstößt und in die Milch gibt.

Die alten Autoren sagen: Wenn ein Mann einen Sirup trinkt, den er auf mäßigem Feuer gekocht hat und der aus den verschiedensten pflanzlichen Ingredienzien besteht, so kann er eine unübersehbare Zahl von Frauen befriedigen. Er muß zu diesem Zwecke Samen und Wurzel der Pflanze Trapa bispinosa, der Kshirika, toskanischen Jasmin, Süßholz und eine besondere Zwiebel, welche Kshirakakoli heißt, zerstoßen und dieses Pulver mit Milch und zerlassener Butter kochen; die so entstehende Salbe gilt als unfehlbar wirkendes Mittel.

Ebenso wirkt eine Mischung von Reis und Spatzeneiern, die ebenfalls mit Milch und zerlassener Butter gekocht werden muß. Wenn man soviel davon trinkt, als notwendig ist, wird dieselbe Wirkung erzielt.

Ebenso wird ein Mann fähig sein, sich mit einer Unzahl von Frauen zu ergötzen, wenn er eine Mischung trinkt, die aus gekochter Milch und zerlassener Butter besteht, in welcher die Schoten des Sesamsamens, Spatzeneier und Früchte der Pflanze Trapa bispinosa und der Pflanze Kshirika gekocht worden sind, nachdem man diesem Sud auch Weizen- und Bohnenmehl zugesetzt hat.

Vom Schmuck, der Verführung der Herzen und über Mittel, welche die Liebeskraft erhöhen I

Man mische zerlassene Butter, Zucker und Süßholz in gleicher Menge, dann den Saft von Fenchel und Milch; diese nektargleiche Mischung wird als heilig angesehen, als überaus wertvoll für die sexuale Kraft, man sagt auch von ihr, daß sie das Leben verlängere. Außerdem hat sie einen sehr angenehmen Geschmack.

Im Frühling soll man, wenn man seine Liebeskraft erhöhen will, einen Sirup trinken, der aus Asparagus racemosus, aus den Pflanzen Asteracantha longifolia, aus langem Pfeffer und Süßholz, ferner aus Milch, Honig und zerlassener Butter hergestellt wird.
Man soll Wasser trinken, in dem man Asparagus racemosus, die Pflanze Asteracantha longifolia, auch die zerstoßenen Früchte der Gmelina arborea gekocht hat: auch dieses Extrakt hat eine die Sexualkraft steigernde Wirkung.

In der Frühlingszeit soll man zerlassene, geläuterte Butter trinken: das gilt als gesund, als kräftigend, man lobt dieses Getränk auch als sehr wohlschmeckend.

Man mische zu gleichen Teilen Samen der Pflanze Asteracantha longifolia und blühende Gerste und esse jeden Morgen beim Erwachen eine Kleinigkeit davon: auch dieses Mittel soll eine Einwirkung auf die Sexualkraft haben.

Auch über diesen Gegenstand gibt es alte Verse:

„Die Mittel, Liebe zu erwecken und die Sexualkraft zu erhöhen, sind aus den Veden zu erlernen, aus der Medizin, auch von Personen, die sich mit den magischen Künsten beschäftigt haben, endlich auch von den Eltern oder nahen Freunden. Man darf keine zweifelhaften Mittel anwenden, die dem Körper schädlich sein können, die durch den Tod eines lebenden Wesens erzeugt werden oder den Menschen in Zusammenhang mit Dingen bringen, die als unrein gelten. Die Mittel, die man anwenden darf, müssen gesund, wirksam und von den Brahmanen und ihren Freunden anerkannt sein." 1)

---

1) Seit unvordenklichen Zeiten haben sich die Autoren des Orients mit den Aphrodisiaca beschäftigt. In der „Indischen Liebeskunst", dem Anangaranga, findet sich darüber eine Bemerkung: „Die Bücher des Fernen Ostens teilen die Aphrodisiaca in zwei Gruppen: in die mechanischen und natürlichen Mittel, wie es etwa das Schröpfen, die Flagellation usw. sind, dann in die medizinischen und künstlichen Mittel. Zur ersten Gruppe gehört die bei einigen wilden Völkern übliche Anwendung von Insekten. Alle Orientalisten werden sich der Geschichte von der jungen Frau des Brahmanen erinnern, die darauf bestand, daß ihr Mann sich von einer Wespe stechen lasse."

Über die Mittel, die Lust zu steigern II

Wenn ein Mann unfähig ist, eine Frau von heißem Temperament zu befriedigen, so bediene er sich künstlicher Mittel, damit er der Gefahr entgeht, sie in krankhaftes Verlangen fallen zu sehen. Vor dem Akt reibe er mit der Hand ihre heimlichen Teile und schreite nicht eher zu dem Akte selbst, als bis er sieht, daß sie aufgeregt ist und bereits Vergnügen empfindet.

Oder er bediene sich gewisser Vorrichtungen, mit denen man die Länge und Stärke des Lingam vergrößern kann, damit er in der Lage ist, den Yoni der Frau auszufüllen. Nach Babhravya werden diese Vorrichtungen, welche den Namen Apadravyas haben, aus Gold, aus Silber, aus Kupfer, aus Eisen, aus Elfenbein, Büffelhorn, aus den verschiedensten Hölzern, endlich sogar aus Zinn oder Blei hergestellt. Sie sollen sich kühl und angenehm anfühlen und in jeder Beziehung für ihren besonderen Zweck gut geeignet sein. Vatsyayana meint, daß jeder sie sich nach seinen eigenen Wünschen und Bedürfnissen anfertigen lassen könnte.

Es mögen hier einige solcher Apadravyas nahmhaft gemacht und beschrieben werden.

Dies sind also.
1. Die Beinschiene (valaya). Diese Vorrichtung hat dieselbe Größe wie der Lingam: ihre Außenseite ist mit Unebenheiten und kleinen Erhebungen bedeckt.
2. Das Pärchen (samghati). Wird aus zwei Beinschienen gebildet.
3. Das Armband (cudaka). Wird aus zwei oder mehreren Beinschienen gebildet, bis man die erwünschte Größe erreicht hat.
4. Das einfache Armband wird dadurch gebildet, daß man den Lingam, seiner Größe entsprechend, mit einem einfachen Eisendraht umwickelt.
5. Der kancuka oder jalaka. Dies ist eine an beiden Enden offene Tube,

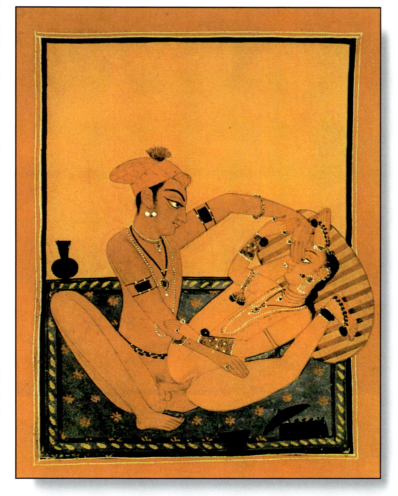

Über die Mittel, die Lust zu steigern II

die durch und durch hohl ist, rauh auf der Außenseite und übersät mit weichen kleinen Höckerchen. Die Größe dieser Vorrichtung wird nach einem bestimmten Voni berechnet. Man befestigt sich den kancuka am Gürtel.

Über die Mittel, die Lust zu steigern II

Hat man einen solchen künstlich hergestellten Gegenstand nicht zur Hand, so kann man sich auch einer Tube bedienen, die aus dem Holz eines Apfelbaumes gemacht wird, auch Flaschenkürbis, Gurken und Stücke eines Bambusrohres erfüllen, am Gürtel befestigt, denselben Zweck.

Diese Vorrichtungen können neben dem natürlichen Lingam, aber auch statt seiner in Funktion treten.

Bei gewissen südlichen Völkern herrscht die Meinung, daß es keine wirkliche geschlechtliche Lust für den Mann geben kann, wenn der Lingam nicht durchbohrt ist. Sie lassen sich deswegen den Lingam mit einer Nadel durchbohren, wie man die Ohrläppchen durchsticht, um Gehänge und Schmuck in den Ohren zu befestigen. Will ein junger Mann sich den Lingam durchstechen, so muß er das mit einem sehr scharfen und spitzen Instrument tun und solange im Wasser stehen, als das Blut fließt.
In der Nacht darauf kann er schon unaufhörlich den Akt ausüben.
Nach dem Akt muß er sich die Wunde mit Essenzen reinigen, auch soll er sie durch Einführung kleiner Stückchen Schilfrohr nach und nach noch vergrößern. Auch werden Waschungen mit Honig und Süßholzsaft empfohlen, auch Stengel der Frucht Semecarapus Anacardium werden zur Vergrößerung der Wunde angewandt. Endlich muß man die Wunde gut mit Öl behandeln.

An diesem so durchbohrten Gliede kann man nun eine ganze Reihe von jenen schon erwähnten Vorrichtungen anbringen, welche die verschiedensten Namen haben, z.B. das „Blümchen", das „Dornige", den „Reiherknochen", den „Elefantenhauer", die „acht Kugeln" usw.

Wir kommen nun zu den Mitteln, die zur Vergrößerung des Lingam angewandt werden.

Über die Mittel, die Lust zu steigern II

Wenn ein Mann seinen Lingam zu vergrößern wünscht, so reibe er ihn mit den Haaren und Stacheln gewisser Insekten ein, die auf den Bäumen leben. Dann fette er ihn zehn Nächte nacheinander mit Öl ein und reibe ihn dann wieder mit den Insektenstacheln ein. Es wird, wenn er das eine Zeit lang fortsetzt, eine langsame Anschwellung des Lingam eintreten. In diesem Stadium soll man sich, das Gesicht nach unten, auf ein Bett legen und den Lingam durch ein Loch herabhängen lassen. Durch Anwendung kühlender Medizinen wird dann der durch die Anschwellung verursachte Schmerz verschwinden. Diese künstlich herbeigeführte Anschwellung, die suka genannt wird und die man besonders häufig bei den Bewohnern des Landes Dravida findet, hält dann für das ganze Leben an.

Wenn man den Lingam mit dem Saft verschiedener Pflanzen einreibt – es werden z.B. Physalis flexuosa, die Pflanze Kharamanjari und andere mehr namhaft gemacht – tritt eine Anschwellung ein, die einen Monat dauert.

Bei der Anwendung von Öl, in dem diese Pflanzen ausgekocht sind, kommt eine Anschwellung von der Dauer mehrerer Monate zustande.

Man kann den Lingam auch vergrößern, indem man mit einem auf kleinem Feuer gekochten Öl Einreibungen vornimmt: diesem Öl müssen Körner des Granatbaumes, der Gurke und Saft der Pflanze Valika, der Pflanze Hastikarma und Saft der Früchte des Eierfruchtstrauches zugesetzt sein.

Außerdem gibt es noch viele andere Mittel, die man sich von eingeweihten und erfahrenen Personen angeben lassen kann.

Endlich mögen hier noch gewisse Erfahrungen und Rezepte folgen:
Eine Frau, die man mit dem Pulver der Euphorbia antiquorum, vermischt mit Boerhavia procumbens, mit Affenkot und allerlei Wurzelwerk bestreut hat, liebt keinen anderen Mann.

Über die Mittel, die Lust zu steigern II

Wenn ein Mann mit einer Frau verkehrt, deren Geschlechtsteile mit einer Mischung von Ruta graveolens, Veronia anthelminthica, Eisenrost und Ameisen und ähnlichen Dinge bestreut sind, so hört seine Leidenschaft sogleich auf.

Über die Mittel, die Lust zu steigern II

Dasselbe geschieht, wenn er mit einer Frau verkehrt, die sich in verdünnter Buttermilch gebadet hat, der zerstoßene Mistkäfer und Ameisen zugesetzt sind.

Eine Salbe aus Kräutern Nauclea cadamba, Spondias mangifera usw. bewirkt, daß eine Frau, die mit ihr bestrichen wird, sogleich in den Augen ihres Mannes jede Anziehungskraft verliert. Dieselbe Wirkung tritt ein, wenn sich eine Frau mit Kränzen aus diesen Kräutern schmückt.

Eine Salbe aus Früchten der Asteracantha longifolia zieht den Yoni einer Frau für eine Nacht zusammen: ein Mittel, das von den sogenannten Elefantenkühen gern angewandt wird.

Eine andere Salbe, aus anderen Kräutern verfertigt, hat die Fähigkeit, den Yoni zierlicher, kleiner Frauen, der Gazellen, zu vergrößern.

Aus besonderen Kräutern lassen sich Salben herstellen, nach deren Anwendung die Haare bleichen, andere fördern ihr Wachstum, durch andere kann man ausgefallene Haare ersetzen.

Bezeichnung	Figur	Duft	Haare	Stimme	Geschmack
Padmini	wie der Mond	Lotus	Fein & gepflegt	harmonisch	feurig
Chitrini	perfekt	Blume	lang und wehend	zart	vielseitig
Hastini	Lotus	Wein	natürlich gelockt	Schreiend wie ein Elefant	unterschiedlich
Sankhini	Gans	Fisch	stachelig wie ein Eber	krächzend wie ein Rabe	streitsüchtig

Über die Mittel, die Lust zu steigern II

Eine rotlackierte Lippe kann man bleichen, wenn man sie mit dem Hodenschweiß eines weißen Pferdes anfeuchtet. Wird dann arabischer Jasmin angewandt, so gewinnt die Lippe ihre alte Farbe zurück.

Wenn eine Frau einen Mann auf einer Rohrpfeife spielen hört, die mit Salvinia cucullata, Costus preciosus, Tabernaemontana montana usw. bestrichen ist, so wird sie diesem Mann untertan.

Wenn man Früchte des Stechapfels unter die Speisen mischt, so vergiftet man den, der davon genießt.

Wenn man Wasser mit Öl und der Asche irgendeines Krautes vermischt – nur das Kraut Kusha macht eine Ausnahme – so nimmt dieses Wasser die Farbe von Milch an.

Eiserne Gefäße, die man mit Shravana und Panicum italicum, verrieben unter Terminalia Chebula und Spondias mangifera bestreicht, werden zu Kupfer verwandelt.

Wenn man die Milch einer weißen Kuh trinkt, die ein weißes Kälbchen hat, erntet man Ruhm und gewinnt ein langes Leben.

Segnungen der Brahmanen haben denselben Erfolg.

Zum Schluß mögen hier noch alte Verse folgen:

„So habe ich denn in aller Kürze die Wissenschaft der Liebe aufgezeichnet, genau nach den Texten der Alten, ohne etwas aus den Augen zu lassen, was dort an Mitteln, die Liebesfreude betreffend, angegeben ist."

„Wer die wahren Grundsätze dieser Wissenschaft kennt, nimmt Rat an von Dharma, Artha und Kama, auch wird er seiner eigenen Erfahrung und den Ratschlägen anderer folgen und nicht seinen eigenen Gedanken nach ins Blaue hinein handeln. Fehler, die ich ursprünglich auch niedergeschrieben hatte, habe ich später nach meinen eigenen Beobachtungen und Erfahrungen sorgfältig ausgemerzt."

„Niemals darf eine Handlung damit entschuldigt werden, daß die Liebeswissenschaft dies erlaube. Denn es muß wohl bedacht werden, daß die Wissenschaft nur in besonderen Fällen die Anwendung gewisser Regeln und Vorschriften erlaubt.

Nachdem Vatsyayana alle alten Schriften über diesen Gegenstand gelesen und genau studiert hat, machte er sich daran, das Kamasutram zu schreiben, ein Buch, das in Übereinstimmung mit den heiligen Schriften, zum Segen der Menschheit und zu ihrem Glück geschrieben ist. Nach seiner Vollendung versenkte er sich ganz und gar

Über die Mittel, die Lust zu steigern II

in der Betrachtung der göttlichen Dinge und Geheimnisse."

„Dieses Buch ist nicht geschrieben, nur um die menschlichen Begierden zu befriedigen. Ein Mensch, der die wahren Grundsätze dieser Wissenschaft kennt, wird seinen Dharma, Artha und Kama sorgfältig pflegen, und wenn er alle Gebräuche beobachtet, die im Volke geübt werden, so wird er dazu gelangen, Herr seiner Sinnlichkeit zu werden."

Ein kluger Mann also, der sich mit Dharma, Artha und auch Kama in Weisheit beschäftigt, ohne Sklave seiner Leidenschaft zu werden, wird bei jeder Sache, die er unternimmt, die er anrührt, Erfolg haben.

Nachwort

In der Literatur aller Länder findet sich eine bestimmte Anzahl an Werken, die sich besonders mit der Liebe beschäftigen. Überall wird das Thema unterschiedlich und von verschiedenen Gesichtspunkten aus behandelt. In der vorliegenden Veröffentlichung wird beabsichtigt, eine vollständige Übersetzung von dem Werk zu geben, das als Standardwerk der Liebe in der Sanskrit-Literatur gilt und als das "Das Vatsyana Kama Sutra" oder auch als Aphorismen der Liebe von Vatsyayana bezeichnet wird.

Während sich die Einführung mit der Aussage über das Datum der Niederschrift und den Kommentaren darüber befaßt, liefern die auf die Einführung folgenden Kapitel eine Übersetzung des Werkes selbst. Es ist jedoch ratsam, an dieser Stelle eine kurze Analyse der Werke über dasselbe Thema vorzunehmen, die von Autoren ausgearbeitet worden sind, die Jahre nach dem Tode von Vatsya gelebt und geschrieben haben, die ihn aber noch als große Autorität angesehen und ihn immer als Hauptführer der hinduistischen erotischen Literatur zitiert haben.

Neben der Abhandlung von Vatsyayana können die folgenden Werke über dasselbe Thema in Indien erworben werden:
1. Der Ratirahasya, oder die Geheimnisse der Liebe.
2. Der Panchasakya, oder die fünf Pfeile.
3. Der Smara Pradina, oder das Licht der Liebe.
4. Der Ratimanjari, oder die Girlande der Liebe.
5. Der Rasmanjari, oder der Spross der Liebe.
6. Der Anunga Runga, oder Bühne der Liebe, auch bezeichnet als Kamaledhiplava, oder ein Boot im Ozean der Liebe.

Der Autor der "Geheimnisse der Liebe" (Nummer 1) war ein Dichter mit Namen Kukkoka. Er verfasste sein Werk, um einem Venudutta zu gefallen, der vielleicht ein König war. Wenn er seinen eigenen Namen am Ende eines jeden Kapitels niederschreib, nannte er sich selbst "Siddha patiya pandita", d.h. ein kindlich-unbefangener Mann unter Gelehrten. Das Werk wurde vor Jahren in Hindi übersetzt und dabei der Name des Autors als Koka angegeben. Und da derselbe Name sich in alle Übersetzungen in andere Sprachen in Indien einschlich, wurde das Buch allgemein bekannt, und das Thema wurde allgemein Koka Shastra genannt, oder auch die Lehren des Koka, was identisch mit Kama Shastra ist oder den Lehren der Liebe, und die Worte Koka Shastra werden ohne Unterschied verwendet.

Das Werk enthält nahezu achthundert Verse und ist in zehn Kapitel unterteilt, die Pachivedas genannt werden. Einige der Dinge, die in diesem Werk behandelt werden, sind nicht im Vat-

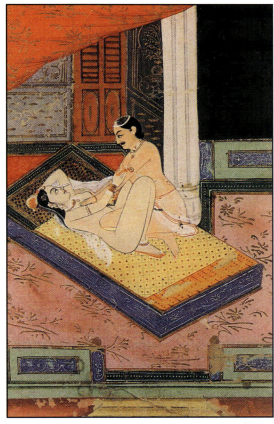

Nachwort

syana zu finden, wie z.B. die vier Arten von Frauen, die Padmini, Chitrini, Shankini und Hastini, und auch die Aufzählung der Tage und Stunden, an denen die Frauen der verschiedenen Arten der Liebe erliegen. Der Autor fügt hinzu, daß er diese Dinge aufgrund der Ansichten von Gonikaputra und Nadikehwara geschrieben hat, die beide von Vatsyayana erwähnt werden, aber ihre Werke sind nicht erhalten geblieben. Es ist schwierig, eine annähernde Angabe über das Jahr zu machen, in dem das Werk verfasst worden ist. Man kann nur vermuten, daß es nach dem von Vatsyayana geschrieben worden ist, und noch vor anderen Werken über dieses Thema, die noch erhalten geblieben sind. Vatsyayana vermittelt die Namen von zehn Autoren über dieses Thema, deren Werke er alle zu Rate gezogen hat, die aber alle nicht erhalten geblieben sind, und erwähnt aber dieses eine nicht. Das würde dazu beitragen, zu zeigen, daß Kukkoka nach Vatsya geschrieben hat, sonst hätte Vatsya ihn sicherlich als einen Autor auf diesem Gebiet der Literatur zusammen mit anderen Autoren erwähnt.

Der Autor der "Fünf Pfeile" (Nummer 2 der Liste) war ein Jyotirisha. Er wird als Hauptzierde der Dichter bezeichnet, der Schatz der vierundsechzig

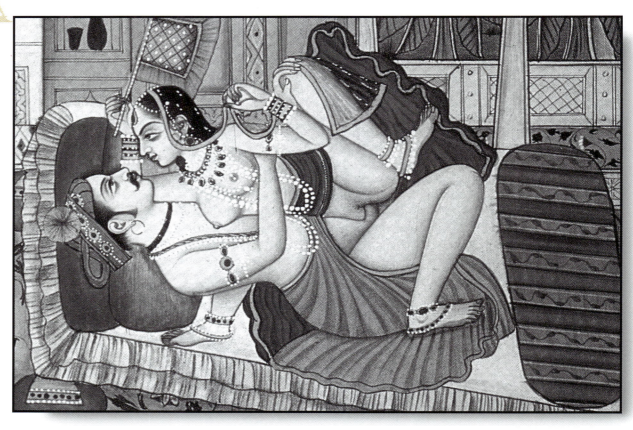

Nachwort

Künste, und als der Lehrer der Regeln der Musik. Er sagt, daß er das Werk verfasst hat, nachdem er über die Aphorismen der Liebe als von Gott enthüllt nachgesonnen und die Ansichten von Gonikaputra, Muladeva, Bahravya, Ramtideva, Nundikeshwara und Kshemandara studiert hat.

Nachwort

Man kann unmöglich sagen, ob er alle Werke dieser Autoren durchstudiert oder nur von ihnen gehört hatte, wie auch immer, scheint keines dieser Werke heute noch zu existieren.

Dieses Werk enthält nahezu sechshundert Verse und ist in fünf Kapitel unterteilt, die Sayakas oder Pfeile genannt werden.

Der Autor des "Lichtes der Liebe" (Nummer 3) war der Dichter Gunakara, der Sohn des Vechapati. Das Werk enthält vierhundert Verse und gibt nur eine kurze Darstellg und der Lehren der Liebe, während es sich mehr mit anderen Dingen beschäftigt.

"Die Girlande der Liebe" (Nummer 4) ist das Werk des berühmten Dichters Jayadeva, der über sich selbst gesagt hat, daß er ein Schriftsteller aller Themen sei. Diese Abhandlung ist jedoch sehr kurz und enthält nur einhundertfünfundzwanzig Verse.

Der Autor des "Sprosses der Liebe" (Nummer 5) war ein Dichter namens Bhanudatta. Aus dem letzten Vers des Manuskripts läßt sich entnehmen, daß er in der Provinz Tirhoot gelebt hat und der Sohn eines Brahmanen mit Namen Ganeshwar war, ebenfalls ein Dichter. Das Werk, das in Sanskrit verfaßt worden ist, vermittelt die Beschreibungen der verschiedenen Arten von Männern und Frauen, wobei ihre Art durch ihr Alter, ihre Beschreibung, ihr Verhalten usw. bestimmt wird. Es enthält drei Kapitel, sein Entstehungsdatum ist nicht bekannt und kann nicht ermittelt werden.

"Die Bühne der Liebe" (Nummer 6) wurde von dem Dichter Kullianmull verfaßt, zur Unterhaltung des Ladkhan, des Sohnes von Ahmed Lodi, wobei derselbe Ladkhan an einigen Stellen als Ladana Mull und an anderen Stellen als Ladanaballa bezeichnet wird. Er soll eine Beziehung oder Verbindung zum Hause Lodi gehabt haben, die in Hindustan von 1450 bis 1526 nach Christus geherrscht hat. Das Werk wäre demnach im fünfzehnten oder sechzehnten Jahrhundert geschrieben worden. Es enthält

Nachwort

zehn Kapitel und wurde ins Englische übersetzt, aber nur 6 Exemplare wurden zur privaten Verbreitung gedruckt. Dieses Werk soll das letzte in Sanskrit über dieses Thema sein und die Vorstellungen darin wurden offensichtlich von vorhergehenden Schriften derselben Art übernommen.

Der Inhalt dieser Werke ist in sich selbst eine literarische Kuriosität. Sowohl in der Sanskrit-Dichtung als auch im Sanskrit-Drama findet sich ein bestimmter Grad an poetischer Empfindung und Romantik, die in jedem Land und in jeder Sprache einen unsterblichen Glorienschein auf das Thema geworfen hat. Aber hier wird die Sache auf schlichte, einfache und nüchterne Art behandelt. Männer und Frauen werden in Klassen und Kategorien auf die gleiche Weise unterteilt, in der Buffon und andere Schriftsteller der Naturgeschichte die Tierwelt unterteilt und eingeordnet haben. So wie Venus für die Griechen als der Prototyp von weiblicher Schönheit galt, beschreiben die Hindus die Padmini oder Lotus-Frau als die Art der vollkommensten weiblichen Vortrefflichkeit wie folgt:

Diejenige, bei der die folgenden Zeichen und Hinweise sichtbar sind, wird Padmini genannt. Ihr Anlitz ist gefällig wie der Vollmond, ihr Körper, wohlgerundet, ist weich wie die Shiras oder die Senfblüte, ihre Haut ist fein, zart und hell wie der gelbe Lotus, niemals dunkel gefärbt. Ihre Augen sind strahlend und schön wie die Augen des Rehs, gut geschnitten und mit rötlichen Winkeln. Ihr Busen ist fest, voll und straff, sie hat einen schönen Hals, ihre Nase ist gerade und lieblich, und drei Falten oder Furchen verlaufen quer über ihre Mitte - ungefähr in der Höhe des Nabels. Ihre "yoni" erinnert an die sich öffnende Lotusblüte, und ihre Liebessaat (Kam salila) hat den Duft einer Lilie, die sich gerade geöffnet hat. Sie schreitet schwanengleich einher, und ihre Stimme ist leise und musikalisch wie der Laut des Kokila-Vogels, sie erfreut in weißen Gewändern, in edlen Juwelen und in reicher Kleidung. Sie ißt wenig, schläft leicht, und da sie ebenso ehrerbietig und religiös wie klug und höflich ist, ist sie

Nachwort

immer darauf bedacht, die Götter anzubeten und sich am Gespräch der Brahmanen zu erfreuen. So ist nun die Padmini oder Lotus-Frau.

Im weiteren folgen detaillierte Beschreibungen der Chitrini oder Kunst-Frau; der Shankhini oder Muschel-Frau und der Hastini, der Elefanten-Frau, über ihre Tage des Genusses, ihren unterschiedlichen Sitz der Liebe, die Art, in der sie beim Geschlechtsverkehr behandelt werden sollen, wie die Merkmale der Männer und Frauen der verschiedenen Länder in Hindustan. Die Einzelheiten sind so zahlreich, und die Themen werden so ernsthaft und so ausführlich behandelt, daß es weder Zeit noch Platz erlaubt, hier näher darauf einzugehen.

Ein Werk in englischer Sprache ist diesen Werken der Hindus ein wenig

Nachwort

ähnlich. Es heißt "Kalogynomia: oder die Gesetze weiblicher Schönheit", die die elementaren Grundlagen dieser Wissenschaft bedeuten. Der Autor, der Arzt, Dr. T. Bell, hat das Werk mit vierundzwanzig Bildtafeln ausgestattet, welches im Jahre 1821 in London gedruckt worden ist. Es handelt von

Nachwort

der Schönheit, der Liebe, dem Geschlechtsverkehr, den Gesetzen, die diesen Geschlechtsverkehr regeln, von Monogamie und Polygamie, von Prostitution, Untreue und endet mit einem durchdachten Katalog über die Unvollkommenheiten weiblicher Schönheit.

Andere Werke in englischer Sprache ergehen sich auch in detaillierten Einzelheiten über das private und häusliche Leben. "Die Grundlagen der Sozialwissenschaft oder die physische, sexuelle und natürliche Religion" von einem Doktor der Medizin, London, 1880, und "Das Buch einer jeden Frau" von Dr. Waters, 1826. Wenn man sich für die oben genannten Themen interessiert, so bieten diese Werke eine solche Fülle an Einzelheiten, wie sie selten zuvor veröffentlicht worden sind und die von Philanthropen und Wohltätern der Gesellschaft gründlich verstanden werden sollten. Nach der gürndlichen Durchsicht des Hindu-Werkes und der oben geannten englischen Werke wird der Leser das Thema verstehen, jedenfalls von einem materialistischen, realistischen und praktischen Gesichtspunkt aus. Wenn alle Wissenschaft mehr oder weniger auf eine Schicht von Tatsachen gegründet ist, kann es nicht schaden, der Menschheit allgemein gewisse Dinge bekannt zu machen, die mit ihrem privaten, häuslichen und sozialen Leben im Innersten verknüpft sind.

Aber ach! Vollkommene Unwissenheit auf ihrer Seite hat leider schon so manchen Mann und so manche Frau zugrunde gerichtet, wohingegen ein wenig Wissen über ein Thema, das im Allgemeinen von den Massen nicht beachtet wird, viele Leute in die Lage versetzt hätte, viele Dinge verstanden zu haben, von denen sie glaubten, daß sie ganz unverständlich seien, oder die sie nicht ihrer Beachtung wert erachteten.

Es mag für einige interessant sein, zu erfahren, wie es dazu kam, daß Vatsyayana zum ersten Mal ans Licht

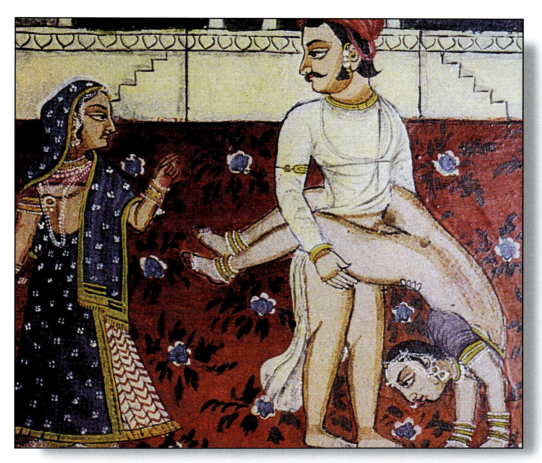

Nachwort

Nachwort

gekommen und in die englische Sprache übersetzt worden ist. Es ist folgendermaßen geschehen. Bei der Übersetzung des Anunga runga oder der "Bühne der Liebe" mit dem Punditen fand sich oft der Verweis auf einen Vatsya. Der weise Vatsya sei dieser Meinung oder jener Meinung. Der weise Vatsya sage dies und so weiter. Natürlich wurde die Frage gestellt, wer dieser Weise denn sei, und die Punditen erwiderten, daß Vatsya der Autor des Standardwerkes über die Liebe in der Sanskrit-Literatur sei, daß keine Büchersammlung des Sanskrit ohne sein Werk vollständig und es jetzt äußerst schwierig sei, eine vollständige Fassung zu bekommen. Das in Bombay erhältliche Exemplar des Manuskripts war unvollständig, und deshalb schrieben die Punditen nach Benares, Kalkutta und Jeypur, um nach Exemplaren des Manuskripts aus Büchersammlungen des Sanskrit in diesen Städten zu fragen.

Die so erhaltenen Exemplare wurden miteinander verglichen, und mit Hilfe eines "Jayamangia" genannten Kommentars wurde ein verbessertes Exemplar des gesamten Manuskripts verfaßt. Von diesem Exemplar nun wurde die englische Übersetzung angefertigt. Es folgt das Zeugnis des leitenden Punditen:

"Das beiliegende Manuskript ist von mir korrigiert worden, nachdem ich vier verschiedene Exemplare des Werkes verglichen habe. Bei der Verbesserung des Buchabschnitts in den ersten fünf Teilen erfuhr ich Unterstützung durch einen Kommentar, der "Jayamangia" genannt wird, fand es aber sehr schwierig, die verbliebenen Abschnitte zu korrigieren, da ausser einem Exemplar, das leidlich richtig war, alle anderen Exemplare, die mir zur Verfügung standen, viel zu fehlerhaft waren. Ich nahm aber diesen Abschnitt als den richtigen, bei dem ich eine Übereinstimmung bei der Mehrzahl der Exemplare festellen konnte".

"Die Aphorismen der Liebe" von Vatsyayana enthalten etwa eintausend-

Nachwort

zweihundertfünfzig Slokas oder Verse, wobei in Teile unterteilt wird, die Teile wiederum in Kapitel und die Kapitel in Paragraphen. Das gesamte Werk besteht aus sieben Teilen, sechsunddreißig Kapitel und vierundsechzig Paragraphen. Über den Autor ist so gut wie nichts bekannt. Sein wirklicher Name soll Mallinga oder Mrillana gewesen sein, wobei Vatsyayana den Familiennamen darstellt. Am Ende des Werkes schreibt er folgendes über sich selbst:

"Nachdem ich die Werke des Babhravya und anderer Autoren aus alter Zeit gelesen und berücksichtigt und über die Bedeutung der von ihnen überlieferten Regeln nachgedacht habe, wurde diese Abhandlung gemäß den Geboten der Heiligen Schrift zum Nutzen der Welt von Vatsyayana verfaßt, während ich das Leben eines Religionsstudenten in Benares führe und mich völlig mit der Kontemplation der Gottheit beschäftige. Dieses Werk soll nicht einfach nur als ein Instrument verwendet werden, um unsere Wünsche zu befriedigen. Einer, der mit den wahren Grundlagen dieser Wissenschaft vertraut ist, der sein Dharma (Tugend oder religiöses Verdienst), sein Artha (weltlicher Wohlstand) und sein Kama (Vergnügen oder sinnliche Befriedigung) bewahrt und Achtung hat vor den Sitten und Gebräuchen der Leute, kann sich sicher sein, daß er die Herrschaft über seine Sinne erhält. Kurz gesagt, ein intelligenter und wissender Mensch, der sich dem Dharma und Artha und auch dem Kama widmet, ohne daß er der Sklave seiner Leidenschaften wird, wird bei allem, was er auch tun mag, erfolgreich sein."

Es ist unmöglich, das genaue Datum der Lebenszeit von Vatsyayana sowie das seines Werkes anzugeben. Man nimmt an, daß er zwischen dem ersten und sechsten Jahrhundet der christlichen Epoche gelebt haben muß, und zwar aus folgenden Gründen:

Nachwort

Er erwähnt, daß Satkarni Satvahan, ein König von Kuntal, Malayevati, seine Frau, mit seinem Instrument, das Kartari genannt wird, getötet hat, indem er sie in der Liebesleidenschaft geschlagen hat, und Vatsya führt diesen Fall an, um die Menschen vor der Gefahr zu warnen, die aus einigen alten Sitten und Gebräuchen resultiert, die das Schlagen von Frauen unter dem Einfluß dieser Leidenschaft zum Inhalt haben. Nun nimmt man an, daß dieser König im ersten vorchristlichen Jahrhundert gelebt und regiert haben muß, und folglich müßte Vatsya nach ihm gelebt haben. Andererseits behandelt Virahmihira im achtzehnten Kapitel seines "Brihatsanhita" die Wissenschaft der Liebe und scheint in großem Stil Aussagen zu diesem Thema von Vatsyayana enthalten zu haben. Nun soll aber Virahamihira während des sechsten nachchristlichen Jahrhunderts gelebt haben, und da Vatsya seine Werke vorher geschrieben haben muß, muß man also seine ungefäre Lebenszeit nicht vor dem ersten vorchristlichen und nicht nach dem sechsten nachchristlichen Jahrhundert ansetzen.

Über den Text der "Aphorismen der Liebe" von Vatsyayana fanden sich nur zwei Kommentare. Einer wird "Jayamangal" oder "Sutrabashya" und der andere "Sutra vritti" genannt. Das Datum des "Jayamangls" setzt man zwischen dem zehnten und dreizehnten nachchristlichen Jahrhundert fest, da bei der Abhandlung über die vierundsechzig Künste ein Beispiel aus dem "Kavyaprakasha" verwendet wird, das ungefähr im zehnten nachchristlichen Jahrhundert geschrieben worden ist. Wiederum war das beschaffte Exemplar des Kommentars offensichtlich eine Abschrift eines Manuskipts, das einst einen Platz in der Büchersammlung eines chaulukyanischen Königs mit Namen Vishaladeva hatte, eine Tatsache, die dem folgenden Satz an dessen Ende zu entnehmen ist:

"Hier endet der Teil, der sich auf die Kunst der Liebe im Kommentar über das "Vatsyayana Kama Sutra" bezieht, ein Exemplar aus der Büchersammlung des Königs der Könige, Vishaladeva, der ein mächtiger Held war, gleichsam ein zweiter Arjuna, und das höchste Juwel der chaulukyanischen Familie."

Nun ist es wohlbekannt, daß dieser König in der Zeit von 1244 bis 1262 nach Christus in Guzerat regierte und eine Stadt namens Visalnagur gründete. Das Datum des Kommentars kann deshalb nicht vor dem zehnten und nicht nach dem dreizehnten Jahrhundert festgesetzt werden. Dessen Autor soll ein Yashodhara sein, wobei ihm der Name von seinem Lehrer Indrapada gegeben worden ist. Er scheint ihm während der Zeit des Kummers geschrieben zu haben, der von seiner Trennung von einer klugen

Nachwort

und scharfsinnigen Frau herrührte, zumindest sagt er dies am Ende eines jeden Kapitels. Man nimmt an, daß er sein Werk nach seiner abwesenden Gebieterin benannt hat, der Titel kann aber auch in einer Verbindung mit der Bedeutung ihres Namens stehen.

Dieser Kommentar war äußerst nüztlich bei der Erklärung der wahren Bedeutung von Vatsyayana, denn der Kommentator scheint ein beachtliches Wissen über die Zeiten des älteren Autors gehabt zu haben, und er gibt an manchen Stellen sehr genaue Informationen. Diese trifft nicht auf den anderen Kommentar zu, der "Sutra vritti" genannt wird und ungefähr im Jahre 1789 nach Chritus von Narsining Shastri, einem Schüler von Saveshwar Shastri, geschrieben wurde; der letztere war ein Nachfahre von Bhaskur, ebenso wie auch unser Autor, denn am Ende eines jeden Teils nennt er sich selbst Bhaskur Narsing Shastri. Er wurde im Auftrag von dem gelehrten Raja Vrijalala dazu veranlaßt, das Werk zu verfassen, während dieser in Benares weilte, doch was den Gehalt dieses Kommentars anbelangt, so verdient er nicht viel Lob. In vielen Fällen scheint der Autor die Bedeutung des ursprünglichen Autors nicht verstanden zu haben, und er hat auch den Text an vielen Stellen geändert, damit er zu seinen eigenen Erklärungen paßt.